BIBLIOTECA INDIANA
Publicaciones del Centro de Estudios Indianos (CEI)

Universidad de Navarra
Editorial Iberoamericana

Dirección: Ignacio Arellano y Celsa Carmen García Valdés.
Secretario ejecutivo: Juan Manuel Escudero.
Coordinadora: Pilar Latasa.

Biblioteca Indiana, 11

CARLOS DE SIGÜENZA Y GÓNGORA
ORIENTAL PLANETA EVANGÉLICO

ANTONIO LORENTE MEDINA (ED.)

Universidad de Navarra • Iberoamericana • Vervuert • 2008

Bibliographic information published by Die Deutsche Bibliothek
Die Deutsche Bibliothek lists this publication in the Deutsche Nationalbibliografie;
detailed bibliographic data are available on the Internet at http://dnb.ddb.de.

Agradecemos a la Fundación Universitaria de Navarra su ayuda en los proyectos de investigación del GRISO a los cuales pertenece esta publicación.

Agradecemos al Banco Santander Central Hispano la colaboración para la edición de este libro.

Derechos reservados

© Iberoamericana, 2008
© de la introducción Antonio Lorente
Amor de Dios, 1 – E-28014 Madrid
Tel.: +34 91 429 35 22
Fax: +34 91 429 53 97
info@iberoamericanalibros.com
www.ibero-americana.net

© Vervuert, 2008
Elisabethenstr. 3-9 – D-60594 Frankfurt
Tel.: +49 69 597 46 17
Fax: +49 69 597 87 43
info@iberoamericanalibros.com
www.ibero-americana.net

ISBN 978-84-8489-347-9 (Iberoamericana)
ISBN 978-3-86527-398-7 (Vervuert)

Depósito Legal:

Diseño de la serie: Juan M. Escudero.
Ilustración de cubierta: San Francisco Javier (Museo Pedro de Osma, Lima).

Impreso en España por
Este libro está impreso íntegramente en papel ecológico sin cloro.

ÍNDICE

INTRODUCCIÓN 7

I. CARLOS DE SIGÜENZA Y GÓNGORA, UN SABIO POLÉMICO 9
    En la Compañía de Jesús 11
    Su ingreso en la Universidad 14
    La década de los ochenta 17
    Sigüenza, Cosmógrafo real 23
    Sigüenza y la corte virreinal 40
    Sus últimos años 51

II. ORIGEN Y PERIPECIAS DE *ORIENTAL PLANETA EVANGÉLICO* 59
    Estructura y estilo del poema 60

III. BIBLIOGRAFÍA 71

IV. NOTA PREVIA 77

TEXTO EDITADO 79
V. *ORIENTAL PLANETA EVANGÉLICO* 81

INTRODUCCIÓN

I. DON CARLOS DE SIGÜENZA Y GÓNGORA, UN SABIO POLÉMICO

Don Carlos de Sigüenza y Góngora es sin duda la figura intelectual más señera de México —y posiblemente de toda la América Hispana— en los siglos coloniales[1]. Su personalidad se destaca en el complejo cultural del Barroco, hasta extremos de representar la cumbre del pensamiento criollo, de igual manera que Sor Juana Inés de la Cruz representa la cima de su expresión literaria. A más de trescientos años de su muerte su obra —científica, histórica, cronística, hagiográfico-religiosa o moral— se agiganta, por encima de las contingencias históricas que la ocasionaron, hasta convertirse en paradigma de las pulsiones y los anhelos de la sociedad novohispana por conseguir voz propia e inconfundible en el concierto de las naciones europeas, a las que trata de emular. En este sentido, sus escritos constituyen un corpus fundacional de la cultura criolla, cuya coherencia final viene determinada por el fuerte patriotismo que los origina. Versen sobre asuntos históricos, debatan ideas científicas o mantengan creencias religiosas arraigadas, una peculiaridad esencial los caracteriza: la exaltación de lo propio, con rasgos que —a riesgo de caer en anacronismo— no dudo en calificar de nacionalistas[2].

---

[1] Retomo esta afirmación de un trabajo mío anterior (Lorente, 1996) como haré con algunas de mis ideas anteriores, en la medida en que aún me siguen pareciendo válidas.

[2] Con todo, conviene matizar una obviedad (que de puro obvia frecuentemente se olvida): la idea que Sigüenza tiene de los conceptos de «patria» y «nación» no se corresponde con la que ahora tenemos sobre esos mismos conceptos. Don Carlos en-

Sin embargo no tuvo en vida el reconocimiento universal que ahora (y de forma más o menos intermitente desde el siglo XVIII) se le tributa. Sus coetáneos no siempre percibieron el alcance de sus escritos, que con frecuencia fueron objeto de fuerte rechazo, cuando no de denuncias y desprecio.

Su biografía —para unos, la de un «humanista barroco»; para otros, la de un «enciclopedista» «avant la lettre»—, ha sido trazada en lo esencial por Pérez Salazar[3] e Irving A. Leonard[4] y matizada inteligentemente por González González[5]. Se enmarca en tres ámbitos contiguos —Compañía de Jesús, Universidad, y Corte Virreinal— que le dispensaron diversa acogida y a los que contestó de forma diferente también, como tendremos ocasión de comprobar más adelante.

Don Carlos de Sigüenza y Góngora nació en la ciudad de México alrededor del 20 de agosto de 1645, en el seno de una familia española de cierta prosapia, aunque de escasa fortuna. Su padre, que se ufanaba de «haber sido el primero que puso la pluma en la mano al Serenísimo Príncipe de las Españas don Baltasar Carlos», se embarcó hacia México en 1640, como uno más de los numerosos criados del Marqués de Villena, en busca de mejores perspectivas. En 1642 se casó con doña Dionisia Suárez de Figueroa y Góngora, emigrada sevillana de mediana dote, unos días antes de caer en desgracia su amo, y dos años después (1644) obtuvo el cargo de «Oficial segundo en la Secretaría de Gobierno», con el que, mal que bien, sostuvo a una familia numerosa.

---

tiende por «patria» el lugar de nacimiento; y por «nación» el espacio histórico-cultural en que confluye una comunidad. Su apreciación está muy próxima al concepto clásico expresado en la frase *«Natione Graecus an Barbarus: patria, Atheniensis an Lacedaemonius»*. En la confluencia, por momentos conflictiva, de los conceptos de «patria» y «nación» se encuentran las bases de su criollismo nacionalista: más próximo, a veces, al «lugar de nacimiento» (como rasgo identitario frente al español peninsular); más próximo en otras al «espacio histórico-cultural» (como rasgo identitario frente a lo no español, ya sea indio, oriental o europeo).

[3] Pérez Salazar, 1928.
[4] Leonard, 1929. Versión española ampliada en 1984.
[5] González González, 2000.

En la Compañía de Jesús

No es de extrañar, por eso, que Sigüenza, el segundo de los nueve hijos y el mayor de los varones, buscara su futuro en la Compañía de Jesús (1659), tras comenzar con éxito sus estudios de Gramática y Retórica en el Colegio Máximo de la Compañía, como estudiante secular[6]. Sus profesores debieron de fijarse en él cuando —sin esperar a la conclusión de su primer curso— fue recibido en la Orden (mayo de 1660) como «retórico» y enviado al noviciado de Tepozotlán, aunque con la cautela de que no se le admitiera hasta el 15 de septiembre, dada su extrema juventud. Este mismo día iniciaba su noviciado y dos años después profesaba sus «votos simples»[7].

Ignoramos los estudios que pudo realizar durante su noviciado; pero no cabe duda de que se empapó del ideario jesuítico y de su rigor científico. Sólo sabemos que en cierto momento pasó de Tepozotlán a Puebla y que aquí se encontraba como estudiante del colegio Espíritu Santo cuando fue expulsado de la Compañía, tras siete años de permanencia, por sus «desórdenes y salidas nocturnas». El triste episodio marcó para siempre al joven Sigüenza, que se pasó el resto de su vida intentando congraciarse con la Orden, lo que consiguió al parecer «in artículo mortis»[8]. En tres ocasiones diferentes (1669, 1671 y 1677) solicitó su reingreso y recibió otras tantas negativas. Logró que el General de la Orden le levantara el impedimento derivado de su expulsión, pero los superiores de México, que no se lo notificaron nunca, consideraron improcedente su reincorporación. Con toda seguridad la elaboración de su poema *Oriental Planeta Evangélico* (1668), dedicado a San Francisco Javier, responde a su anhelo de congraciarse con los jesuitas, y probablemente permaneció inédito hasta después de su muerte porque no consiguió sus propósitos de desagraviar a las autoridades jesuíticas, como más adelante veremos.

---

[6] Aunque tampoco haya de descartarse la opinión de Pérez Salazar, mantenida por Máyer, 1998, p. 75, sobre la educación cristiana que recibió de sus padres, el ambiente clerical de su tiempo y una vocación sincera.

[7] No creo que fuera entonces cuando escribió *Primavera indiana* y que no la publicara hasta 1668. De lo afirmado por fray Antonio de Monroy en el «Parecer» de *Oriental Planeta Evangélico*, sólo se puede desprender que tiene también escrito *Primavera indiana* por esas fechas (agosto de 1668).

[8] Ver al respecto los artículos de O'Gorman, 1944; y Burrus, 1953.

Este mismo año publicó su *Primavera indiana. Poema sacro histórico. Idea de María Santísima de Guadalupe*, en el que mostraba por vez primera dos motivos que serían constantes en su producción posterior: su ferviente guadalupanismo y su concepción providencialista del acontecer histórico[9]. En este poema, de filiación culterana, Sigüenza sancionaba la tradición aparicionista de la Virgen de Guadalupe para resaltar la especial distinción con que favorece a México (hasta convertirla en «solio preeminente») y subrayar el carácter providencial de su aparición en el desarrollo de la religiosidad mexicana. Ya el título, evocador de la «primavera mexicana» de Bernardo de Balbuena y de las implicaciones que el adjetivo *indiano* había adquirido en fray Juan de Torquemada, hacía referencia a la «Primavera del mundo» anunciada por los milenaristas y transmutaba a lo divino el elogio del primero con el fin de exaltar el *«origo mirabilis»* de la devoción nacional:

> Si entre breñas la patria fue sagrada
> de este portento de uno, y otro mundo, [...]
> toda una primavera fue expresiva
> en tosca Tilma del trasumpto hermoso,
> que a despecho del rígido diciembre
> influye mayos a la inculta urdiembre.

En cuanto al carácter providencial de su aparición, enmarcada en el parlamento de la Inteligencia (octavas XXXVII-XLIII), destacaba la oportunidad del «Americano Guadalupe», que, devenido en lugar paradisíaco («antes fúnebre albergue de la noche»), contrarrestaba la terrible situación de Europa, postrada a los pies del «Anticristo» Lutero, como se encarga de subrayar en la anáfora de los versos 289-328:

> Ahora que el Danubio proceloso
> entrega al mar heréticos raudales, [...]
> y el águila alemana, al luminoso
> planeta de la Fe niega imperiales
> obsequios, [...]
> Ahora que el francés lilio florido [...]
> se matricula al culto fementido
> del heresiarca vil, que la abochorna; [...]

---

[9] Lorente, 1996, pp. 202-206. Ver también Máyer, 2000.

> Ahora que a la hidra venenosa
> el caudaloso Támesis esconde. [...]
> Ahora pues, la celsitud divina
> en sacro consistorio soberano
> te levanta a la esfera cristalina,
> que empaña astuto el heresiarca:
> sube México pues, sube que dina
> tu inocencia te aclama de la mano
> de aquel, por quien el orbe ya te induces
> pisando rayos, y vistiendo luces.

El discurso seguntino refleja con nitidez el clima espiritual de Nueva España en la segunda mitad del siglo XVII, traspasado de mensajes procedentes de la Contrarreforma, emanados del Concilio de Trento. Asimismo, su religiosidad figurativa, traslado fiel del catolicismo español en México. De ahí que *Primavera indiana* sea un poema preñado de emblemas e imágenes sensuales, portadores de un mensaje simbólico: la música es un elemento celestial que concuerda con el cosmos; el sol, fuente de luz universal, es un atributo luminoso que acompaña al milagro; el color azul del manto de la Virgen equivale al del cielo; el Ave Fénix —o el águila— son trasuntos de la Virgen, y su simbología ascensional y divina se opone a la serpiente diabólica («el argentado monstruo»). Un simbolismo múltiple recorre el poema, concretado con frecuencia en un sensualismo floral asociado a la pureza, la belleza germinal y el nacimiento. Otras, aparece bajo la forma de un simbolismo acuático, que alude a la inmortalidad, a la regeneración y, muy especialmente, a la purificación.

Resultaría prolijo pormenorizar la enorme complejidad que encierra *Primavera indiana*, a la que no es ajena tampoco la inserción de imágenes tomadas de la astrología y del hermetismo barroco. Me conformaré ahora con destacar como conclusión provisional la originalidad de Sigüenza en la creación del discurso guadalupano. Contribuyó a fijar la tradición al describirlo visualmente; y supo convertir a la Virgen en un símbolo polivalente que aglutinaba a todos los grupos sociales mexicanos: a los indios, porque les premiaba su humildad en la figura de Juan Diego; a los mestizos, porque se identificaba con ellos por su tez; a los españoles peninsulares, porque de algún modo significaba la continuidad en el culto de una virgen venerada en España;

y a los criollos, porque al elegir la Virgen México como lugar de su milagrosa aparición la realzaba sobre el resto del mundo.

Su ingreso en la Universidad

Expulsado de la Compañía de Jesús, Sigüenza tuvo que reincorporarse a la vida secular, a una edad —veintidós años— en que muchos de sus compatriotas tenían encarrilada su carrera profesional, pero él necesitaba comenzar de nuevo, porque nada de lo estudiado en los colegios jesuitas le podía ser homologado. Afortunadamente la reforma de los estatutos universitarios, realizada por Palafox y Mendoza, le permitió matricularse directamente en la Universidad. Los libros de matrícula muestran que Sigüenza se inscribió en Cánones durante los años 1667, 1669 y 1670, pero que no concluyó siquiera los estudios de bachiller que le hubieran posibilitado el ejercicio de la abogacía en causas eclesiásticas o civiles. Y que se matriculó en los años siguientes (1671 y 1672) en una facultad de rango inferior (Artes), justo cuando opositó a la cátedra de Matemáticas y Astrología, aunque se declarase entonces «canonista».

Pérez Salazar ha relatado los avatares de su oposición[10]: la muerte imprevista de su amigo Luis Becerra Tanco, flamante catedrático de Matemáticas, le llevó a opositar a la cátedra vacante en condiciones desfavorables. A pesar de ello la obtuvo brillantemente[11] frente a los otros dos aspirantes, uno de ellos el bachiller Salmerón, futuro contendiente de la *Libra astronómica,* que no le perdonaría nunca la osadía de presentarse, pues se consideraba el único candidato con los requisitos legales, y parecía encauzar su vida profesional hacia una carrera universitaria, que nunca llegó a realizar.

Su vacilante *curriculum,* hasta el momento en que obtuvo la cátedra, es una muestra evidente del escaso entusiasmo con que seguía unos estudios tan alejados de sus pasiones intelectuales. No cabe duda de que la expulsión de los jesuitas y el rechazo posterior a sus inten-

---

[10] Pérez Salazar, 1928, pp. 25-29, y documentos, pp. 95-110.
[11] Robles, 1853, vol. I, pp. 126-127: «En 20 [de julio], sacó la cátedra de astrología y matemáticas el Lic. D. Carlos de Sigüenza con setenta y cuatro votos y los sesenta de exceso, y se le dio posesión el mismo día. A 25 salió el víctor del dicho D. Carlos».

tos de reingresar (1669 y 1671) lo desorientaron; pero también hemos de tener en cuenta que desde 1667 un nuevo objeto de estudio ocupaba su atención: las matemáticas y la astrología. Y el propio Sigüenza lo afirma en 1692[12]:

> Desde el año de 1667 comencé casi muchacho (sólo siéndolo pude *interrumpir más útiles estudios* y aplicarme a éste), comencé, digo, a estudiar sin maestro las matemáticas todas, y con más cuidado la astrología.

A mi juicio, una conjunción de factores diversos le hizo desistir de una carrera universitaria de prestigio: sus esperanzas de reingresar en la Compañía de Jesús, a la postre frustradas; su dedicación a las matemáticas y a la astrología; y su interés por las «divinas y humanas letras». Esta afirmación puede resultar hoy chocante, ante la considerable obra que nos ha legado y el renombre que su figura ha adquirido entre nosotros. Pero hemos de recordar que en el siglo XVII las dos facultades importantes eran la de Teología y la de Cánones. La de Medicina se consideraba una facultad de menor rango y prestigio en el Claustro Universitario. Y dentro de ella, la cátedra de Matemáticas constituía una disciplina marginal y complementaria, orientada básicamente hacia los pronósticos. De ahí que resultara tan poco atractiva para los estudiantes —y la escasez de alumnos matriculados lo evidencia con claridad— y para los propios catedráticos.

El «cortísimo salario» de cien pesos anuales, costeado con multas y propios de la Universidad y no a expensas de la Real Hacienda, lo mantuvo siempre en una situación doblemente discriminatoria, sin posibilidades de ejercer una profesión liberal ni de obtener los beneficios derivados de los exámenes de licenciado o doctor. No es de extrañar, por eso, que se ausentara con frecuencia de la cátedra en cuanto que le surgía un trabajo social y pecuniariamente más rentable, ni que buscara constantemente otros ingresos con los que mantenerse y ayudar al sostenimiento de su familia, aunque la fortuna no le sonriera hasta bien entrada la década del ochenta: entre 1667 y 1678 ejerció de escribano público; en 1671 opositó sin éxito al cargo de contador real de la catedral[13]; y, ya catedrático, pretendió la contaduría de la uni-

---

[12] *Almanaque de 1692,* ed. J. M. Quintana, 1960, p. 197.
[13] Tomado de González González, 2000, vol. I, p. 220, nota 72, quien se basa en las *Actas de Cabildo* (vol. 17, fols. 224-227; y vol. 18, fols. 180-183).

versidad en las sucesivas vacantes de 1673 y 1677, obteniéndola por fin tres años antes de su jubilación (1690)[14]. Sus relaciones con el arzobispo de México, fray Payo Enríquez de Rivera, no debieron de ser buenas cuando no sólo no pretendió una parroquia, sino que se desplazó a Michoacán para recibir el ordenamiento de presbítero, y sólo a partir de 1685 consiguió la capellanía del hospital del Amor de Dios, con vivienda incluida, por intercesión del nuevo arzobispo, Aguiar y Seijas[15]. En cuanto a sus nombramientos de cosmógrafo real de la Nueva España (1680) y de limosnero, ignoramos si fueron honoríficos o conllevaban un sueldo fijo.

Sus frecuentes ausencias de la cátedra le crearon numerosas situaciones enojosas[16] y supusieron conflictos en diversas ocasiones con el Claustro Universitario, sobre todo en los primeros años de la década de los noventa, cuando Sigüenza aprovechó su ascendencia sobre el virrey para obtener cartas que le permitieron abandonar la docencia por grandes lapsos de tiempo. Es muy probable que obtuviera su jubilación en 1693 por intercesión del propio conde de Galve, vicepatrono de la Universidad, pese a que prácticamente no había ejercido la docencia durante el último quinquenio, como se encargó de subrayar irónicamente el bedel para el año 1693: «no vino ni antes ni después de jubilado»[17].

No obstante, para justipreciar su absentismo hemos de tener presente que éste era habitual entre los catedráticos, porque las plazas universitarias se concebían como cargos honoríficos que posibilitaban el acceso a otros cargos, mejores y más remunerados, con lo que muy posiblemente la docencia quedara en manos de los suplentes[18]. En

---

[14] Leonard, 1963. Fue nombrado, «nemine discrepante», por el claustro de la universidad el 7 de noviembre de 1690, con salario de cincuenta pesos anuales.

[15] Francisco Pérez Salazar cree que Sigüenza obtuvo la capellanía en 1682, coincidiendo con la llegada del nuevo arzobispo, Aguiar y Seijas (Pérez Salazar, 1928, p. XXXV); lo mismo afirma su sobrino Gabriel López de Sigüenza; Leonard, 1984, pp. 294-295, Apéndice D, recoge el documento en el que Aguiar y Seijas firma el nombramiento de Sigüenza en octubre de 1685.

[16] Leonard, 1963, Apéndice D, pp. 33-39: «Multas de Sigüenza en la cátedra de Astrología».

[17] Más adelante volveremos sobre el tema, cuando tratemos sobre los últimos años de su vida. De momento, bástenos resaltar la animosidad de las palabras del bedel.

[18] Para el caso de Sigüenza, ver Leonard, 1963, Apéndice C, pp. 24-32: «Solicitudes de substituciones de cátedra de Sigüenza y Góngora».

cualquier caso, no deja de resultar paradójico el que hoy recordemos a Sigüenza por sus múltiples actividades diversas, ajenas a la docencia universitaria y, en gran medida, a costa de ella.

La década de los ochenta

1680 supuso un punto de inflexión en la vida de Sigüenza y Góngora y en la búsqueda de una situación personal más holgada: fue el intelectual elegido para redactar la relación que hoy conocemos como *Glorias de Querétaro* y poco después el cabildo de México le encargó de la elaboración del arco de triunfo, en honor del nuevo virrey, el Marqués de la Laguna, y de la relación que lo contiene *(Teatro de virtudes políticas)*, para concluir el año, ya Cosmógrafo Real, observando el cometa Halley, que daría lugar a la elaboración de su *Libra astronómica*.

Invitado por su amigo y rico caballero, don Juan de Caballero y Osio, Sigüenza tuvo ocasión de presenciar los magnos acontecimientos que se celebraron en Santiago de Querétaro, con motivo de la dedicación de un templo a Santa María de Guadalupe, a partir del 11 de mayo de 1680. Y se encargó de redactar la relación de la fiesta, que hoy conocemos como *Glorias de Querétaro*. En ella manifestó el mismo fervor mariano que había mostrado en *Primavera indiana*, que aprovechó para reeditarla con la intención de aunar ambas en la exaltación de la Virgen de Guadalupe. O, por citar sus propias palabras, para completar lo que las «débiles fuerzas» de su «conato» fueron incapaces de realizar cuando describió el «Templo majestuoso» que se le dedicó en Querétaro.

Glorias de Querétaro se estructura en ocho capítulos que recogen el proceso seguido desde que comienza la iniciativa de erigir un templo a la Virgen de Guadalupe en Querétaro, para Sigüenza ciudad providencial cargada de religiosidad desde los tiempos prehispanos, hasta el final del proyecto, que culmina con la dedicación del suntuoso edificio a María Santísima por parte del arzobispo de México. Su valor documental es considerable, porque, como toda relación de fiestas barroca, muestra con claridad la ideología y la mentalidad imperantes en el siglo XVII. En este sentido, coincido con María Dolores Bravo[19]

---

[19] Bravo, 2000, pp. 26-27.

cuando afirma que su discurso constituye un «ritual del poder», en el que el relator encarece hiperbólicamente las acciones contemporáneas narradas, escritas en un lenguaje culterano, lleno de giros sintácticos complejos, grandes periodos elocutivos y frecuentes alusiones eruditas, que las realzan.

Entreverado con la colorista y sensual descripción encontramos un sentimiento muy caro al criollismo novohispano del siglo XVII y recurrente en la obra de Sigüenza y Góngora: el de México paraíso terrenal incontaminado, elegido por Dios y por María. En este caso, concretado a la ciudad de Santiago de Querétaro. Las correspondencias espaciales del texto entre los cósmico y lo terrestre, o entre las luces astrales y la fragancia de las flores de la ciudad, trasciende el tópico literario del «locus amoenus», a que se acoge, para hacer coincidir por analogía la presencia vivificante de Dios con el establecimiento de la congregación mariana, «recogida» en el «suntuoso edificio» por designios de la Virgen de Guadalupe.

A su regreso a México, Sigüenza recibió el encargo de dirigir el arco triunfal con el que el ayuntamiento quería recibir al virrey entrante, Marqués de la Laguna. Y se puso de inmediato manos a la obra. Fruto de este trabajo es su *Teatro de virtudes políticas* (1680). En *La prosa de Sigüenza y Góngora y la formación de la conciencia criolla mexicana*[20] he explicado detenidamente los pormenores que rodearon a su elaboración; las críticas que don Carlos recibió por su «aindiado arco»; su erudita y airada contestación; el estrecho paralelismo entre su preludio III y el preludio explicativo de Sor Juana a su *Neptuno alegórico;* la diferente solución que ambos ofrecieron[21]; las tensiones que se derivaron de ello; la estructura, contenido, simbología iconográfica y composición narrativa del arco, como para que ahora le dedique más atención. Sí quiero, en cambio, detenerme en la esencia de su patriotismo indigenista que aquí se manifiesta con rotundidad.

Es evidente que Sigüenza equipara en *Teatro de virtudes políticas* la historia de los príncipes aztecas a la historia de los reyes de Roma (y

---

[20] Lorente, 1996, pp. 10-45 y 211-213.
[21] El razonamiento discursivo de Sor Juana se encamina hacia la identificación de las virtudes y atributos de Neptuno con los del Marqués de la Laguna; el de Sigüenza tiene por finalidad dignificar a los indios americanos, organizándoles una genealogía tan heroica como la de cualquier pueblo europeo.

las respectivas cronologías fundacionales), con el claro propósito de dignificar el pasado prehispano. Para ello elabora una genealogía heroica de los indios americanos, a quienes hace sucesores de Neptuno e identifica con los descendientes de las colonias que —según Platón— emigraron de la Atlántida cuando se sumergió. Su ferviente patriotismo, manifestado ya en el epígrafe latino con que encabeza el libro, le lleva a rechazar las «mentirosas fábulas», utilizadas con profusión en los arcos de triunfo, para proponer —en claro sincretismo religioso-cultural— a los príncipes aztecas como modelos de virtud, en los que el virrey debía mirarse si quería realizar un gobierno ejemplar. Seguidor entusiasta de fray Juan de Torquemada, no duda en matizar los juicios negativos que el franciscano vierte en su *Monarquía indiana* sobre el carácter demoníaco de la religiosidad azteca, con el fin de anular el estigma de bárbaros e infieles que pesaba sobre ellos en la tradición cultural hispana y presentarlos como depositarios de las virtudes que deben adornar a un «príncipe cristiano». Su identificación con el pasado indígena le lleva hasta el extremo de reconocer a los príncipes aztecas como sus progenitores, olvidando que fueron precisamente éstos quienes destruyeron el poderío azteca.

Ahora bien, no debemos creer ingenuamente en el estado de «exaltación indigenista»[22] de Sigüenza sin percatarnos de lo que pretendía con él. Al respecto, y obviando su sincero interés por las historias antiguas de los mexicanos, conviene tener siempre presente que el arco erigido por él representaba los intereses del cabildo local y que malamente éste hubiera permitido una representación «indigenista» en su arco sin su permiso (esto sin tener en cuenta los posibles intereses personales de Sigüenza). Desde estos supuestos se puede entender completamente el alcance de la reivindicación indigenista del arco. El proceso de dignificación de los reyes aztecas está subordinado a la idea esencial que persigue con él: mostrar que todos ellos se esforzaron por engrandecer la ciudad de México, nueva Roma rediviva e interés primordial del cabildo. Sin esta implicación religioso-política la «cristianización» de estos «príncipes» no hubiera tenido lugar y el «indigenismo» de Sigüenza hubiera discurrido por cauces muy dispares. De

---

[22] «Exaltación» que ya había insinuado en el capítulo VII de *Glorias de Querétaro*, cuando describió «La Máscara» con que los indios festejaron la pompa que se dedicó al templo erigido (Sigüenza y Góngora, 1965, pp. 47-49).

este modo, el pasado indígena se convierte en el medio que el cabido local utiliza para mostrar al virrey entrante las pautas por las que debe discurrir su futuro gobierno[23].

A eso responde el hecho de que no se representara a éste sobre un carro triunfal, sino suave y apacible, esperando que los reyes mexicanos le franquearan las puertas a las voces —también apacibles— del Amor, y que la ciudad de México, en cambio, se representara «dominando desde lo más alto» todas las acciones. La distribución espacial no fue casual. Antes al contrario, el programa iconográfico ideado por Sigüenza pretendía dejar muy claro el lugar que le correspondía a cada uno de los personajes representados. El paralelismo entre la historia romana y la azteca, que ya había hecho acto de presencia en la tarja de la puerta central al datar la fundación de México, continuaba con las acciones de los héroes mexicanos: Huitzilopochtli, «caudillo y conductor de los mexicanos», guía a su pueblo, cual nuevo Moisés, hasta Tenochtitlan. Fundador de una estirpe, como Eneas, impulsa la creación de la ciudad. Acapamich deseca zonas pantanosas para extender los territorios de la nueva aldea, de la misma forma que Rómulo hizo con Roma. Huitzilihuitl establece las leyes como Numa Pompilio. Motecohçuma Ilhuicaminan engrandece la ciudad-estado como Anco Marcio y Tulio Hostilio, etc. Incluso la caída de ambos imperios tiene en Sigüenza una total equivalencia:

> Una *Águila* volando sobre la cabeza de Marciano, y de allí remontándose a lo sublime fue pronóstico, que le previno el Imperio, refiérelo Boronio tom. 5. Annal, anno 431 y otra *Águila* precipitándose de lo más excelso, fue presagio de la ruina del Imperio Mexicano.

El núcleo de *Teatro* (caps. 3-14) constituye un «espejo de príncipes»; un tratado para la educación de la conducta de un príncipe cristiano. Se inscribe, por tanto, dentro de la nutrida literatura emblemática hispana del siglo XVII, de Ribadeneyra, Álamos de Barrientos, Covarrubias, Figueroa, Quevedo, Orozco, Saavedra Fajardo, Mut o Cevallos, con huellas visibles incluso en el discurso textual. Hasta la idea de representar las enseñanzas morales a través de una serie dinástica

---

[23] Me parece conveniente recordar las observaciones de Montiel Bonilla, 1999 (2ª parte «Hacia nuevas lecturas del *Teatro de virtudes políticas*», pp. 93-129).

tienen su precedente en la tradición hispana, como ya mostrara Maravall en 1944[24]. Y como tal participa de tres aspectos temáticos esenciales al género: 1) el contagio de la virtud, por medio de la admiración a grandes héroes del pasado; 2) la demostración de que es posible ser un gobernante virtuoso desde el momento en que otro lo ha sido; y 3) emular la fama que estos héroes se han granjeado con su buen proceder. Como buen tratado de «príncipe político y cristiano» incide en que las acciones de sus héroes han de estar siempre dirigidas por la piedad y la fe, de acuerdo con la preceptiva hispana de que la virtud atrae el favor divino. Así, los distintos monarcas aztecas anteriores a la llegada de los españoles representan con sus empresas las virtudes teologales y/o cardinales, verdadero decálogo educativo en la formación de la voluntad de un príncipe cristiano. La fe orienta las acciones de Hutzilipochtli y de Motehcoçuma Ilhuicaminan; la esperanza es el resorte que mueve a Acapamich; la justicia y la templanza a Huitzilihuitl; la prudencia, «regla y medida de las virtudes», al decir de Saavedra Fajardo, rige los actos de Itzcohuatl; y la fortaleza es el atributo de Axayacatzin. Incluso los monarcas que padecieron la incontenible irrupción de los españoles —Motecohçuma Xocoyotzin, Cuitlahuatzin y Quauhtemoc— presentan sus correspondientes virtudes (aunque sean de rango inferior a las anteriores): liberalidad y magnificencia con sus enemigos; amor a la libertad y a la patria; y constancia en la lucha. Es cierto que todas ellas están sometidas al imperio de «Fortuna», que veleidosamente les es contraria. El primero en sufrir sus embates, Motecohçuma, fue despojado de su poder y de la vida en el máximo de su esplendor. Por eso su virtud resplandece más y —negativamente— las acciones de los españoles (aunque no se digan). Contra el poder de «Fortuna» —personificada en el «ínclito capitán *Fernando Cortés*»— reacciona Cuitlahuitzin, que consigue «expeler a los españoles de su ciudad, derrotándolos en la memorable noche triste del día diez de julio del año mil y quinientos y veinte». Y con constancia y «alegría» se enfrenta Quauhtemoc a los enemigos que «Fortuna» le envía (guerra, hambre y muerte), en un intento desesperado por detener «la ruina del Imperio». El epigrama que explica su empresa y los hiperbólicos epítetos que Sigüenza le dedica ini-

---

[24] Maravall, 1944, pp. 227-272.

cian un crescendo patriótico que culmina con la identificación final de los criollos con los indígenas del pasado:

> No tienen ya los mexicanos por qué envidiar a Catón, pues tienen en su último emperador quien hiciese lo que de él dice Sénec. Epíst. 104. *Nemo mutatum Catonem, toties mutata Republica vidit, eundem se in omni statu praestitit, in praetura, in repulsa, in acusatione, in provintia, in concione, in exercitu, in morte denique*[25]

La exaltación patriótica de Sigüenza (y del cabildo local) condiciona la configuración formal del arco y se concreta en el tablero principal de la fachada sur (cap. 15). Los rayos procedentes de las insignias imperiales aztecas concluyen en una cornucopia (símbolo de la abundancia) que el virrey vierte sobre la ciudad de México. Todos convergen en la figura del virrey entrante, dando a entender con ello que este personaje reúne todas las virtudes, pero a la vez —y las citas clásicas lo resaltan— que éstas le impelen sutilmente a la realización de un gobierno en consonancia con tan elevados méritos. El soneto con que Sigüenza acabó su arco incide también en la misma idea. Y por si no quedara suficientemente claro, en las octavas del panegírico final (en que la ciudad de México alaba al virrey y le insta a que penetre en ella) el «Orbe mexicano» —clero, claustro, plebe, noble, cortesano, villano, docto e inculto— le ofrece el cielo,

> Si en mi pecho, y mi afecto te introduces,
> rayos negando, y dispendiendo luces.

Como conclusión final a tan breve análisis, quizá convenga subrayar de nuevo que lo que Sigüenza lleva a cabo al erigir en su arco a los príncipes aztecas como modelos de virtud y, consiguientemente, al proponer su *Teatro de virtudes políticas* como «espejo de príncipes», no es sino repetir lo que la civilización cristiano-occidental había hecho para adaptar las virtudes de los héroes clásicos a la realidad concreta de los países europeos modernos. La diferencia estriba, como aclaré

---

[25] «A pesar de que tantas veces cambió la república, sin embargo nadie vio cambiado a Catón; siempre se mantuvo él mismo en cualquier estado: en la pretura, en la repulsa, en la acusación, en la provincia, en el discurso, en el ejército, y finalmente en la muerte».

en mi estudio anterior, en que «éstos gozaban de un prestigio imponente en la Europa del siglo XVII (lo siguen teniendo aún, muchas veces sin darnos cuenta de ello), mientras que los emperadores aztecas tenían el estigma de príncipes «bárbaros», demoníacos y vencidos. Es decir, carecían de prestigio a los ojos de la cultura europea». Lo que Sigüenza perseguía con su exaltación era la homologación de éstos con aquéllos, como paso ineludible para la reafirmación identitaria de su propia comunidad; homologación para la que no le importó transformar una divinidad prehispánica, Huitzilopochtli, en un caudillo legendario, ni obviar las continuas guerras que ensangrentaron a las ciudades-estado aztecas, tan pormenorizadamente narradas por Torquemada. E, intelectual de su época, encontró en los clásicos el fundamento para rechazar la cultura mistificada de las fábulas (o que él sentía «falsa») y sostener su planteamiento patriótico original; en el silogismo escolástico y en su nómina de autoridades, el método en que basarse para desarrollarlo; y en las citas religiosas, el respaldo oportuno para proponer a unos príncipes que la intolerancia religiosa rechazaba como modelos de virtud.

Sigüenza, cosmógrafo real

Por estas fechas debió de ser nombrado Cosmógrafo real de la Nueva España[26] y sus tareas se incrementaron con los trabajos de ingeniería, astronomía, geodesia, agricultura, cartografía y geografía que el cargo conllevaba[27]. Leonard y Trabulse han estudiado con cierto detenimiento tan ingente labor y han comprobado que la mayor parte de su obra científica estuvo condicionada por este nombramiento. Y, en verdad, entre sus obligaciones de cosmógrafo estaban el predecir y hacer mediciones de los eclipses de sol y de luna, observar los movimientos planetarios, calcular la longitud y latitud de los puntos más

---

[26] Leonard, 1984, pp. 87-88, así lo afirma, aunque no especifica cuándo exactamente. González González, 2000, I, p. 220, cree que fue nombrado «hacia 1681», en premio a su composición del arco triunfal y a su relación correspondiente, *Teatro de virtudes políticas;* pero tampoco aporta dato alguno. Es decir, que aún ignoramos la fecha exacta de la cédula real de su nombramiento. En cualquier caso, ya era cosmógrafo cuando escribió la *Libra.*

[27] Leonard, 1984, pp. 87-101 y 149-166; Trabulse, 2000, esp. pp. 101-120.

relevantes del virreinato, estudiar la orografía e hidrografía del país, delinear el perfil de sus costas, levantar mapas generales y regionales y elaborar informes precisos sobre viajes de exploración y sobre la viabilidad de colonizar nuevas regiones.

Don Carlos cumplió celosamente con los diversos menesteres que se le encomendaron, como muestra el hecho de que, en gran medida, la estrategia de expansión hacia el norte de Nueva España y del golfo de México que la Corona emprendió durante las últimas décadas del siglo XVII se basó en los informes y relaciones confidenciales que Sigüenza realizó, y que se mantuvieron en secreto porque contenían datos de vital importancia estratégica. Esto explica el que existieran cartas de misioneros, exploradores y navegantes, así como informes militares y geográficos entre los papeles que don Carlos legó al morir. Y en parte explica también la aparición de su *Libra astronómica y filosófica* (1690).

De todas formas, la *Libra* no fue simplemente el resultado de su labor cosmográfica, sino la consecuencia de la polémica que se desató en México con motivo de la aparición del gran cometa entre el 15 de noviembre de 1680 y el 21 de enero de 1681 y que el mismo Sigüenza se encargó de resumir en el texto de su obra[28] (19, 28). Su origen, por todos conocido, vino provocado por el terror que las señales del cometa produjeron en la población novohispana; terror del que no se salvó ni la misma virreina[29]. Ésta fue la razón por la que don Carlos publicó con tanta premura (13 de enero de 1681) su *Manifiesto filosófico contra los cometas despojados del imperio que tenían sobre los tímidos*. No se conserva ningún ejemplar de este folleto, aunque conocemos su contenido porque Sigüenza lo insertó en la *Libra*.

---

[28] Cito siempre por la edición príncipe: Sigüenza y Góngora, *Libra astronómica y filosófica*, 1690. Ejemplar de la Biblioteca Nacional de Madrid, signatura 2/3606. Las repetidas veces en que cite especificaré página y después parágrafo. Es decir, que cuando escriba (1, 2) se deberá leer (p. 1, par. 2). En cuanto a las ideas que expongo, el lector las puede ver desarrolladas en Lorente, 1996, pp. 47-86.

[29] Al fin y al cabo la aparición del gran cometa causó gran estupor en Europa y en toda América. Su intensidad, la enormidad de su cauda y su luminosidad, los prodigios que se contaban de él, las catástrofes que —se decía— ocasionaba, provocaron una literatura sin precedentes en los anteriores cometas. Robinson, 1916, dedicó un estudio exhaustivo a los opúsculos que aparecieron en torno al cometa de 1680, aunque lamentablemente excluyó los referidos al mundo hispánico.

Es un escrito divulgador, alejado del tono erudito dominante en aquélla, aunque no carezca de autoridades, destinado a un público lector sin grandes conocimientos astronómicos, con el que pretende combatir las supercherías de la astrología cometaria y salir al paso de opiniones pseudo-científicas que «el vulgo» le atribuía.

Ignoramos si el ánimo de la virreina se tranquilizó con su lectura. Sí sabemos, en cambio, que el *Manifiesto* fue la chispa que encendió la polémica. Tres contendientes acudieron a refutarlo. El primero, un caballero flamenco afincado en Campeche (don Martín de la Torre), molesto por la afirmación que Sigüenza había colocado en su *Manifiesto* de que él también era astrólogo y sabía muy bien «cuál es el pie de que la astrología cojea, y cuáles los fundamentos debilísimos sobre que levantaron su fábrica», escribió su *Manifiesto cristiano a favor de los cometas mantenidos en su natural significación;* al que contestó Sigüenza con su *Belerofonte matemático contra la Quimera astrológica de don Martín de la Torre*. También está perdido, pero por los parágrafos que de él se conservan en la *Libra* podemos asegurar que atacaba las «cábalas astrológicas en materia cometaria» y que Sigüenza refutaba en él el *Manifiesto cristiano...*, aunque reconocía la exactitud de sus mediciones. El segundo fue don Joseph de Escobar Salmerón y Castro, catedrático de Medicina de la Universidad de México y antiguo coopositor a la cátedra de Matemáticas. Con su *Discurso cometológico y relación del nuevo cometa* provocó la indignación y el sarcasmo de Sigüenza por ciertas tesis cometológicas absurdas, a las que no se dignó contestar en la *Libra*, sino muy tangencialmente; pero sostenía con lucidez planteamientos similares a los del padre Kino, y su filiación con la cometología aristotélica resultaba evidente. El tercer contendiente —y fundamental para la elaboración de la *Libra*— fue el padre Eusebio Francisco Kino, jesuita alemán aureolado de gran matemático, que a poco de llegar a México se metió de lleno en la polémica y publicó su *Exposición astronómica de el cometa*. Es una rareza bibliográfica de reducidas proporciones[30], dedicada al virrey Paredes, en abierta oposición al *Manifiesto* de Sigüenza, que lo había dedicado a la virreina. Sin pretender analizar el folleto, espléndidamente estudiado por Trabulse[31],

---

[30] La *Exposición astronómica del cometa* es un pequeño folleto de 28 folios, publicado en México, Francisco Rodríguez Lupercio, 1681.

[31] Trabulse, 1974, cap. III, y muy especialmente las pp. 47-55.

quiero recordar que Kino como astrólogo no se guió nunca por la experiencia empírica. Su obra carecía del dato cuantitativo, sustituido éste por la «razón imaginativa». El medio en que se movió siempre fue puramente mítico y anticientífico. Recurría a Aristóteles y demás autores clásicos, consagrados por la tradición, e *in extremis* a las Escrituras, si la contradicción se le hacía insostenible. Para él no existía el azar; antes al contrario, todo estaba sometido a la providencia divina. Apeló siempre a «un sistema de leyes propias, imposibles de verificar», que insertaban al mundo sublunar —el mundo de los cometas y meteoros— dentro del espacio sideral. De ahí que pretendiera definir inicialmente la naturaleza de los astros. Afirmaba que los cometas no eran más que «agregación o junta de exhalaciones y vapores, que, conspirados en uno, manan del globo terráqueo» (fol. 2); que «se engendran de aquella vaporosa y pezgosa materia, que exhala o humea el globo solar» (fols. 10 y 12-13). Y en esa pendiente de verdades apriorísticas aseveró que no se crearon al mismo tiempo que se creó el universo, sino que fueron creados *ex profeso* por Dios para una cierta misión particular (fol. 27), como «tácitos amagos del Altísimo y senos de divina severidad» (fol. 21). Partía del *a priori* inverificable de que el cometa era necesariamente maligno, y de que ocasionaba o advertía males, con lo cual eliminaba la inducción científica en beneficio exclusivo de la deducción metafísica. Por consiguiente, sus cálculos matemáticos tienen un valor muy discutible, porque lo que Kino quería era un mínimo de apoyatura que le permitiera afirmar el carácter infralunar (y por tanto, corruptible y terrestre) de los cometas. Con sus cálculos buscaba la confirmación de sus teorías, no su comprobación. No tiene nada de extraño, por eso, que Sigüenza le acusara de habérselos inventado.

La *Libra* fue escrita al calor de la polémica (89; 182); pero su estructura refleja un cuidadoso plan de exégesis, en el que se cita o se resume el texto del contrincante y a continuación se le refuta. En este sentido, destaca la extraordinaria simetría formal a que lo sometió Sigüenza, así como su deliberado equilibrio cuantitativo, en una suerte de paralelismo antitético que se manifiesta con rotundidad en lo que constituye el núcleo básico del libro (la polémica con el P. Kino). De ahí que resulten llamativos el juego de alternancias y la antítesis discursiva en su desarrollo. Si el número de instancias, exámenes y respuestas de Sigüenza es idéntico al de respuestas, fundamentos y argumentos de su oponente, su contundencia y su peso específico —recordemos el título del libro— son muy diferentes. Eso es lo que pretendía Sigüenza para deshacer a su adversario en los campos en que éste había elegido. Y todo ello con la permanente pretensión de mantener la polémica en sus justos términos, individual y científico. O como él dice, «de matemático a matemático», y sin incomodar a una Religión «tan doctísima» y «sacratísima» como la Compañía de Jesús.

Nunca con más repugnancia, que la ocasión presente tomé la pluma en la mano, aun siendo con la urgencia forzosa de defenderme a mí mismo [...] Pero siendo el necesario objeto deste mi escrito el R. P. Eusebio Francisco Kino de la Compañía de Jesús, cómo no había de serme este empeño más que sensible, cuando me recuerdan las obligaciones con que nací lo mucho que debo a tan doctísima, ejemplarísima y sacratísima Religión desde mis tiernos años, en que [...] merecí tan singulares favores como siempre publico, y que quisiera pagar aun con la sangre que vivifica mis venas, [...] hablo con el R. P. no como parte de tan venerable todo, sino como un matemático y sujeto particular, [...] y a no ser desta manera puede estar muy seguro de que callara la boca (1-2; 1).

En la parte «filosófica» de la *Libra* Sigüenza demolió los argumentos doctrinales de Kino, con una mezcla de ironía y falsa modestia, de las que no está exento el resentimiento del criollo que se siente maltratado por la soberbia del europeo. Pero no se contentó con ello, sino que penetró en su argumentación científica para destruirla con una batería de observaciones científicas en gradación demoledora: inadecuación del método y de los medios empleados por Kino para realizar sus observaciones (118-120; 252-259); apropiación indebida de datos (123, 266); uso de paralogismos y pseudografías en su exposición (125-234; 270-282); lugares comunes para demostrar semejanzas inexistentes entre el cometa de 1664 y el de 1680; detección de múltiples errores y contradicciones (134-139; 283-296); falsedad de su cometogénesis (141 y 143; 300 y 305).

A estas alturas de la *Libra* Sigüenza era consciente de que había aniquilado intelectualmente a su rival, por lo que cerró la disputa en los parágrafos finales de su quinta parte. Pero en vez de acabarla con la introducción de sus propias observaciones matemáticas, introdujo *los fundamentos en que dicen estriba la astrología* (en rigor, la sexta parte de la *Libra*), donde resumió su respuesta a don Martín de la Torre.

Parece evidente que quería concentrar en su *Libra* todo el rifirrafe cometológico mexicano de 1681. Sigüenza abandonó aquí el tono científico y contenido de su respuesta al P. Kino y, libre de tensiones, contestó al astrónomo flamenco desde una doble perspectiva —ortodoxamente cristiana y matemática—, como sugiere el título de su respuesta: *El Belerofonte matemático contra la Quimera astrológica* [...]. Como podemos ver, Sigüenza opone la existencia de dos símbolos mitológicos enfrentados, «Belerofonte» y «Quimera», con sus correspondientes adjetivos, «matemático» y «astrológica», para sugerirnos el paralelismo entre su respuesta y la fábula que le sirve de soporte y entre el final de una y otra. De igual modo que el Belerofonte mítico acabó con el monstruoso animal, mezcla de león, cabra y serpiente, el suyo, el matemático acabaría con el nuevo monstruo científico —la falsa ciencia astrológica. Con gran acopio documental entró en las Sagradas Escrituras y en los tratados de la Antigüedad para rebatir las opiniones de don Martín de la Torre, pero, cansado de argumentaciones histórico-religiosas y conocedor de los argumentos concluyentes que contra la Astrología habían escrito los científicos de su época («de cuantos desengaños debe el Universo a los doctos de este siglo»), acabó refutando dicha disciplina con los instrumentos ópticos que la habían hecho posible: «No hay mayor argumento para convencer al que lo negare que ponerle un telescopio o anteojo de larga vista en las manos» (170; 371). No obstante esta afirmación, consciente de que su polémica con don Martín no era científica, sino de creencias, volvió a la carga en los últimos parágrafos de su contestación (374-379) para mostrar las contradicciones de su oponente, o sus súbitos olvidos, con sucesivas preguntas retóricas que quedan en la *Libra* sin respuesta: ¿conoció Adán la Astrología o no? Si la conoció, ¿se las enseñó a sus hijos? Y si fue así, ¿cómo la transmitió tan incompleta? ¿Por qué se olvida de que Adán la conoció por revelación divina poco después y afirma que lo que se sabe de la Astrología «se debe a la experiencia» de los antiguos? Todas estas preguntas —y otras más que no quiero recordar— muestran la suficiencia e ironía con que Sigüenza subrayó las contradicciones de don Martín, como refleja el fragmento en que contestaba al afán del flamenco por distinguir entre los axiomas astrológicos lícitos y los ilícitos y entre los lícitos ciertos y los falsos:

> Díganos cuáles de los axiomas aforismos astrológicos lícitos son los ciertos, cuáles los falsos, y por tanto beneficio le levantaremos estatuas ho-

norarias para perpetuidad de su fama, y para inmortalizarle su nombre (173; 377).

En estos parágrafos Sigüenza se muestra como un maestro consumado y escéptico de la Astrología. El tono y el desenfado manifestados en ellos están muy próximos a los desarrollados en los *Almanaques* y *Lunarios* de sus últimos años sobre todo, en los que, a la vez que suministraba datos fidedignos sobre las posiciones de los astros, eclipses y otros fenómenos constatables, aventuraba predicciones y pronósticos que mostraban «sus desvaríos de estrellero». Por su manifiesta temeridad sufrió en repetidas ocasiones las censuras de sus jueces calificadores y, desde luego, su actitud no puede ser más contradictoria, al utilizar sus propios almanaques para ridiculizar a la astrología y a sus seguidores[32].

La última parte de la *Libra,* mucho más breve que las anteriores, condensaba la exposición matemático-geométrica de los datos obtenidos por Sigüenza, en su observación del cometa durante los días de enero de 1681 (3, 8, 15, 18, 9, 10 y 20), para que los científicos se pudieran aprovechar de ellos (175-188; 381-395). La inquietud intelectual del Sigüenza científico, preocupado por la útil difusión de sus observaciones y por la adquisición de otras similares, brilla en estas páginas, en consonancia con otros momentos de su vida y, sobre todo, de su muerte.

Pocos trabajos podrían ofrecer con más nitidez las características singulares que adornan a Sigüenza y Góngora, como científico y como erudito, que la *Libra astronómica y filosófica*. Con toda razón Gaos lo señaló en 1959 como un libro capital en la historia de las ideas de México[33]. En este sentido, representa como ningún otro la encrucijada del pensamiento hispano en la Nueva España en un tema tan apasionante como el de la astronomía cometaria, por los años de 1680-1681 en que apareció el enorme cometa que hizo temblar a Europa y América. Y en los albores del siglo XXI se nos aparece como un ejemplo palpable del significado que esta aparición tuvo en los habitantes de México, y de su influencia en lo humano. Llena, por tanto,

---

[32] Ver las opiniones de Trabulse, 1974, I, esp. pp. 63-64; Lorente, 1996, p. 84; y Benítez, 2000, esp. pp. 142-143.
[33] Ver Sigüenza y Góngora, *Libra astronómica*, ed. Gaos, 1959, p. xi.

una página importante en la historia científica novohispana en un siglo en el que se sientan las bases de la ciencia moderna y la cultura occidental destierra la visión mítica del cosmos a favor de la nueva visión científica. Sin embargo no parece que entre sus contemporáneos gozara del mismo prestigio que hoy tiene, o al menos no lo parece entre sus colegas del estamento universitario. Y buena prueba de ello es el encendido elogio que tributó el secretario y cronista de la Universidad, Plaza, en 1685, al *Discurso cometológico* de su oponente Salmerón, con motivo de su muerte. Plaza glosaba en él amplia y admirativamente el trabajo del catedrático de medicina muerto y señalaba de pasada que don Carlos «también» se había ocupado del cometa. Para González y González, esto —junto con la posibilidad de publicar sus contrincantes sus escritos en 1681 y no poderlo hacer Sigüenza— constituye una muestra evidente de que el veredicto de sus coetáneos fue mayoritariamente favorable a las tesis de Salmerón y desfavorable a las de don Carlos[34]. Desde luego, hemos de convenir en que el argumento del crítico mexicano no carece de consistencia. Sin embargo, el hecho de que Sigüenza fuera el intelectual elegido para elaborar la relación de fiestas que la Universidad de México dedicó en honor de la Virgen María como depositaria de la sabiduría, parece matizar tan tajante afirmación y permite conjeturar sobre una división de opiniones en el Claustro y sobre la existencia de un grupo de claustrales defensor de Sigüenza, junto a un poderoso grupo de enemigos indudables. En cualquier caso, es evidente que don Carlos no había llegado aún al enfrentamiento con la institución universitaria a que lo condujo, diez años después, su petición de pensión jubilatoria. De otro modo, nunca hubiera insertado el elogio de la Universidad que introdujo en el capítulo II de *Triunfo Parténico*:

> Florentísima Academia Mexicana, depósito de la erudición, erario de las letras, emporio de la sabiduría y fuente inagotable donde beben los eruditos el néctar suavísimo de las ciencias[35].

Sea como fuere, lo que sí es indudable es que no se habían apagado todavía los ecos de la polémica cometaria cuando Sigüenza re-

---

[34] González González, 2000, pp. 221-222.
[35] Cito por la edición de Rojas Garcidueñas, 1945, p. 39.

dactaba *Triunfo Parténico*, a la vez que concluía su *Paraíso occidental*, Entraba así en un período tan fecundo desde el punto de vista productivo como estéril desde el punto de vista editorial. En los años siguientes a la publicación de su *Paraíso occidental* (1684) escribió su *Féniz del Occidente Santo Tomás Apóstol hallado con el nombre de Quetzalcóatl* [...], *Año Mexicano* [...] e *Imperio Chichimeco*[36], y componía su monumental, inacabado y perdido *Teatro de las grandezas de México;* pero lamentablemente no publicó ninguno de sus libros. Ignoramos las causas reales que lo motivaron, aunque muy bien pudo ser la ausencia de patrocinadores, como afirmó el propio Sigüenza:

> Si hubiera quien costeara en la Nueva España las impresiones (como lo ha hecho ahora el Convento real de Jesús María) no hay duda sino que sacara yo a luz diferentes obras, a cuya composición me ha estimulado el sumo amor que a mi Patria tengo [...] no siendo la menos estimable deducir la serie, y cosas de los *Chichimecas*, que hoy llamamos *Mexicanos* [...], y otras sus semejantes que requieren mucho volumen, y así probablemente morirán conmigo, (pues jamás tendré con qué poder imprimirlo por mi gran pobreza). Quiera Dios Nuestro Señor no sea así lo que tengo averiguado de la predicación de Santo Tomás Apóstol en esta tierra, y de su Cristiandad primitiva; ni el Teatro de la Santa Iglesia Metropolitana de México donde se hallarán las grandezas que de esta Ciudad ha tiempo que tengo prometidas, y casi escritas.

Las sentidas palabras de don Carlos, insertas al final del prólogo a *Paraíso occidental,* son, a mi juicio, una prueba evidente de su desolación anímica por la indiferencia de sus conciudadanos; desolación que bien pudo manifestarse externamente en su aparente desinterés por sus propias obras, una vez terminadas. En cualquier caso constituyen una matización anticipada a la cariñosa recriminación de indolencia con que lo motejara Guzmán y Córdova.

Triunfo Parténico recoge en un relato circunstanciado los certámenes poéticos que la universidad de México celebró en 1682 y 1683 para honrar a la Virgen y reclamar como dogma de fe el misterio de

---

[36] Son libros que, según nos dice don Sebastián de Guzmán y Córdova en el prólogo a la *Libra*, «tiene ya perficionados». Y, desde luego, nos informa sobre el contenido de ellos. Desgraciadamente las premoniciones de Sigüenza se cumplieron y los tres libros están perdidos desde el siglo XVIII.

la Inmaculada Concepción. La selección de poetas y poemas recogida por Sigüenza constituye un corpus poético inigualable para el estudio de la lírica novohispana en el siglo XVII, como ya subrayara atinadamente Manuel Tussaint en 1941: «El documento más valioso para la Historia de la Literatura Mexicana durante el siglo XVII»[37]. Gracias al mecenazgo de la Universidad y del virrey disponemos hoy de tan considerable recopilación; pero también gracias a que los designios de los mecenas coincidían con los anhelos más íntimos de don Carlos, como se encarga él mismo de aclarar en la «Prevención a quien leyere»:

> Por lisonja tuve la obediencia que se me impuso para formar este libro, reconociendo el que con esta ocasión se me podría saciar en algo el vehemente deseo que de elogiar a los míos me pulsa siempre (p. 25).

No es de extrañar por esto que en el capítulo II aúne la devoción mariana, bajo cuya advocación se compone el libro, con el elogio encendido de la Universidad de México, cuyos ilustres representantes se apresuran a cantar poéticamente el dogma (que se proclamaría más tarde) de la Inmaculada. Con esta actitud Sigüenza pretende simultáneamente exaltar a «la Santísima Virgen» y divulgar «a las naciones remotas» la excelencia de los hombres que han salido de tan «florentísima Academia», entre los cuales se encuentra él.

Es posible que —imbricado con su «exaltación patriótica»— exista desperdigado a lo largo del libro un velado ataque a la orden agustina[38]. Fray José Sicardo sintió de algún modo esto cuando denunció un pasaje del capítulo VI, en el que las excesivas alabanzas a Francisco de Ayerra Santa María podían interpretarse como un desdoro a San Agustín. El pasaje es el siguiente:

---

[37] Toussaint, 1941. Para este punto concreto, p. 5.
[38] González González, 2000, I, p. 223, piensa que *Triunfo Parténico,* leído de soslayo, revela «una sorda animadversión del autor contra la orden agustina», algunos de cuyos miembros se contaban entre los poderosos enemigos de Sigüenza. De ahí también el varapalo que recibió, con motivo de la censura inquisitorial, como «poeta profano», «astrólogo quimerista», y «autoridad corta», y se pidió contra él «alguna reprehensión».

Ninguno que lo conozca me censurará de apasionado si digo que es elegante latino, poeta admirable, agudo filósofo, excelente jurisconsulto, profundo teólogo, orador grande y cortesano político, realzándosele todas estas perfecciones con ser una erudita enciclopedia de las floridas letras *y tanto que de él mejor que del otro a quien alababa Volusiano, se puede decir Legi deest, quiquid ab hoc contigerit ignorari*[39] (p. 136).

El perspicaz agustino sintió que las frases subrayadas en el texto anterior constituían un ultraje al fundador de su orden, y los cuatro calificadores de la Inquisición fueron del mismo parecer[40], por lo que se procedió a secuestrar el libro —ya publicado— para borrar la injuria y a amonestar a don Carlos.

Este interesante episodio es una clara muestra de la controversia que podían suscitar ciertos temas en la sociedad novohispana y de la sutileza con que discurrían algunos de sus integrantes en asuntos tan ortodoxos como aparentemente anodinos. Y nos permite atisbar la considerable complejidad que *Triunfo Parténico* alberga, tanto en sus mensajes implícitos como en su plasmación formal. Algunos aspectos históricos, como la exposición de los motivos del festejo, las disposiciones que se tomaron y los distintos momentos o episodios que articularon su complicada realización, son indudables; como también lo es que su discurso refleja una fuerte coherencia temática e ideológica (ya lo subrayó Rojas Garcidueñas en el prólogo de su edición). Pero su lectura evidencia multiplicidad genérica y diversidad estilística, ya que junto a textos históricos hay otros de indudable filiación teológica, alegórica o literaria. De ahí que José Pascual Buxó haya hablado del «carácter híbrido» del relato[41], por otra parte consustancial al género «relación de fiestas». Sigüenza no escatima ningún recurso para engalanarlo. Hipérbatos, concatenaciones de paradojas, acumulación de términos sinónimos, uso de la *ekfrasis* para describir las manifestaciones artísticas que se realizaron, etc., jalonan su discurso literario, que enriquece con su afición por los jeroglíficos, la aplicación de

---

[39] Las frases en cursiva fueron las causantes de la denuncia y de la sentencia de la Inquisición, cuyo tribunal ordenó que se recogieran todos los ejemplares vendidos y se borraran estas frases. La orden no se cumplió a rajatabla, como comprobara Pérez Salazar, 1940, pp. 290-306.

[40] Leonard, 1984, pp. 292-293, Apéndice CH.

[41] Buxó, 2002.

instrumentos científicos y la frecuente inserción de latinismos[42] y cultismos. Tan abundante gama de recursos configura un aparato retórico-estilístico que dificulta considerablemente su lectura. No sorprende, por eso, la escasa repercusión que ha tenido entre los lectores y la crítica contemporáneos.

La prosa de *Paraíso occidental* (1684)[43], por el contrario, refleja el interés de Sigüenza por escribirlo en un estilo llano. La naturaleza del escrito —una «historia de mujeres para mujeres»— exigía una narración clara, y don Carlos, consciente de ello, declara sus propósitos de rehuir el «estilo florido» y de apartarse aquí de la compleja prosa erudita de sus obras anteriores, hasta el extremo de satirizar a los historiadores «que se presumen de fray Hortensio Paravicino, y don Luis de Góngora», porque su estilo no es el «que se gasta en las comunes pláticas», único adecuado, según Sigüenza, para la confección de las historias[44].

La claridad expositiva del texto en *Paraíso occidental* no está exenta de rigor científico, aspiración a la que don Carlos no renuncia nunca. Por ello acopia cuantos materiales puede obtener para su confección, con una escrupulosidad y un esmero que sorprenden por su modernidad. Sigüenza demuestra un dominio completo de las fuentes utilizadas —los autores que habían escrito con anterioridad a él sobre el convento y la tradición oral sobre el mismo— enmendándolas cuando las juzga erradas, aunque nunca se cuestione la veracidad espiritual que reflejan. El propio Sigüenza declara al lector el método usado en la elaboración de su libro:

---

[42] Quiñones Melgoza, 2002, vol. II, pp. 79-92, ha estudiado los distintos usos del latinismo que Sigüenza y Góngora lleva a cabo en esta obra, especialmente pp. 87-88. A ellas me remito.

[43] Cito siempre por PARAÍSO / OCCIDENTAL, / PLANTADO, Y CULTIVADO por la liberal benéfica mano de los muy Católicos, / y poderosos reyes de España [...], México, Juan de Ribera, 1684.

[44] No se nos oculta que con ello Sigüenza persigue ofrecer a las mujeres novohispanas un modelo de conducta, basado en la obediencia (al padre, marido, sacerdote, etc.), edulcorado con los ejemplos «virtuosos» que nos regalan las narraciones de las vidas de las monjas. Al lector interesado le recomiendo los siguientes estudios: Roos, 1993; Lorente Medina, 1996, pp. 87-106; y Glantz (Sigüenza y Góngora, 1995, pp. XVII-XLVI).

En su verdad puedo afirmar no haber perdonado para conseguirla diligencia alguna, leyendo cuantos libros impresos podían contener algo para mi asunto; pero todos necesitan de enmienda, como diré adelante, y así ocurrí al archivo del Real Convento, cuyos papeles se me entregaron, y también varios cuadernos de autos y cédulas [...] Leí también las relaciones originales...

Externamente *Paraíso occidental* se compone de tres libros de desigual extensión. El primero, de trece capítulos, narra la creación del convento Jesús María, las peripecias de su construcción y el estado en que se encontraba cuando Sigüenza escribe. El segundo, de veintiocho capítulos, lo ocupa la biografía de la madre Marina de la Cruz, sacada básicamente de la historia escrita por el padre Mota, su confesor, a quien Sigüenza rectifica en aquellos juicios que demuestra equivocados. El tercero consta de veinticinco capítulos dedicados a la vida de la madre Inés de la Cruz (I-VII) y a las otras monjas excelsas (VIII-XXIV); y lo concluye con la sucinta biografía del capellán Matías de Gámez. Aparentemente constituye uno más de los numerosos escritos dedicados a crónicas conventuales o temas hagiográficos, tan abundantes en la época. Y otros títulos de Sigüenza parecen avalar esta hipótesis. Pero una lectura detenida nos coloca en el centro de una idea de gran complejidad, que subyace en todas sus páginas: la equiparación —si no superación— de la Iglesia americana a la Iglesia europea, concretada aquí en el jardín paradisíaco, es decir, incontaminado, que integra el convento de Jesús María. Todos los recursos insertos en él (eruditos, hagiográficos, milagrosos, narrativos y estilísticos) están sometidos a la constatación implícita de dicha idea. Sutil y ardua tarea la que Sigüenza lleva a cabo, movido por el gran amor a su patria, rayano continuamente en la heterodoxia. De ahí que abra y cierre *Paraíso occidental* con su «Protesta» de ortodoxia y acatamiento. De ahí también que busque el amparo real, cuyo patrocinio fue el origen «providencial» de la magnificencia del convento. Multitud de datos desperdigados a lo largo del libro ratifican esta afirmación, comenzando por su propio título, que inmediatamente nos sugiere por contraste el paraíso terrenal. Y buena prueba de que ello es así nos lo ofrece el mismo don Carlos en su *Dedicatoria* al rey. Sigüenza opone las flores perecederas del paraíso terrenal a las inmortales (espirituales) del occidental; el origen de los vicios humanos por el pecado original, al imperio de divina gracia y la suma de todas las virtudes que anida el convento; y la expulsión de Eva por un querubín, al coro de vírgenes, que, cual serafines, viven abrazadas al amor de su Esposo. Desde estos supuestos podemos integrar armónicamente noticias tan dispares como las aparecidas en el libro I. La descripción del culto de las vestales aztecas, el franciscanismo inmanente del capítulo II, y los numerosos datos de interés para la historia cotidiana de México coinciden subliminalmente en igualar la Iglesia americana a la europea; igualación que se exterioriza con rotundidad en sus tres últimos capítulos. Sigüenza aprovecha la detallada descripción de las grandezas del convento para aunar sus perfecciones materiales a las espirituales y, en línea con los dobles sentidos y con la hipérbole que configura el título, *Paraíso occidental*, afirma ser esta unión una ecuación deseada por Dios y cimentada «en las piedras solidísimas de las virtudes, para gloria de su nombre» (fol. 36v), como réplica nada menos que de la «celestial triunfante Hierusalem». Con ello tiende un puente a los dos libros siguientes, introduce la idea providencialista que domina sus escritos y cierra con frases, en las que al tópico de su «débil pluma» y al «grave asunto» se une la exaltación material y espiritual de México, con un sentimiento patriótico que recupera los motivos de la «grandeza mexicana» establecidos desde Motolinía hasta Bernardo de Balbuena[45].

El libro II se nos aparece como un espejo de virtud en el que la mujer novohispana debe mirarse, a través de la vida de la madre Marina de la Cruz (por otra parte, familia directa de don Juan de Alba Cortés, cacique de Teotihuacan y amigo personal de Sigüenza, en quien se unían idealmente la nobleza precortesiana y la sangre española). La Biblia y los Evangelios, circunscritos a *El libro de Job*, la figura de la Virgen y a veces la de Cristo, y los libros impresos de Santa Teresa de Jesús avalan el tono de obediente disposición que para las mujeres preconiza siempre la madre Marina de la Cruz ante las decisiones que les imponen sus padres, sus esposos, sus confesores, sus preladas, o el mismo Dios. Tras múltiples peripecias maravillosas, en las que conviven milagros, éxtasis, arrebatos místicos, sacrificios, intervenciones directas de Dios, coloquios con la Virgen, curaciones milagrosas, visiones celestiales y apocalípticas y apariciones de santos y santas, muere, o, por usar las palabras de Sigüenza, tiene su «felicísimo tránsito» el 17

---

[45] Ver el estudio de Lorente Medina, 2002.

de enero de 1597, culminando una *gradatio* heroico-espiritual iniciada al comienzo del libro.

El libro III es menos homogéneo que los dos anteriores. El número de monjas biografiadas, la distinta intensidad que se dedica a unas y otras y las quejas de Sigüenza por la inseguridad de las fuentes consultadas nos lo confirman. De todas formas se percibe en él tres núcleos temáticos vinculados a dos ideas básicas de *Paraíso occidental*: el influjo carmelitano y la emulación de Santa Teresa, de una parte; y la concreción final de la supremacía del «paraíso occidental» sobre el oriental, motivo dominante, como tuvimos ocasión de comprobar.

La vida de la madre Inés de la Cruz, narrada en el mismo tono «maravilloso» que la de su «madre en Dios», nos permite observar el enorme influjo que la reforma carmelitana tuvo en México durante los últimos años del siglo XVI y primeros del siglo XVII. Y desvela el modelo literario que la moldea: los escritos piadosos de Santa Teresa de Jesús. La madre Inés de la Cruz concreta en ella a Marta y María, como pedía la santa en *Las moradas*. Renuncia a los bienes terrenales, a pesar de su holgura familiar, y vive en un estado permanente de pobreza. Descuida las necesidades corporales, como la madre Marina de la Cruz, y su salud, siempre precaria como la de Santa Teresa, recibe continuos dolores que lleva con paciencia y gusto por amor a Dios. Su ánimo, grande y «definidor» le acarrea grandes problemas en su vida cotidiana, aunque todas las cuitas las soporta con ganas por «lo mucho que siempre deseé padecer por Nuestro Señor» (fol. 144v). Su desasimiento de la vida externa es completo, cumpliendo con la máxima de la fundadora carmelitana. Como ella, escribe la *Relación de su vida* por mandato del confesor, y, como ella, ruega que su escrito sea secreto. Funda emulándola el primer convento de monjas carmelitas en México y con el mismo nombre. Y escribe también en un cuaderno los pormenores de su fundación. El modelo teresiano para homologar a la madre Inés de la Cruz con Santa Teresa y la equiparación de la iglesia americana a la europea se funden indisociablemente, como muestra el texto siguiente:

> Véase ahora si profetizar la gloriosa *Santa Teresa* el que se fundarían en México conventos de carmelitas de la misma manera que si ella lo hiciese, dio bastante margen para poderse comparar con ella quien lo fundaba. Tócale al historiador referir los sucesos desnudamente, vístalos el lector de ponderaciones si de ello gusta.

A medida que el libro avanza los datos son más inseguros; pero el esquema general de las biografías, trazado en la de la madre Marina de la Cruz permanece inalterable. Todas las monjas son laboriosas y devotas, sufren continuas enfermedades que soportan con paciencia y alegría, y participan del clima maravilloso que envuelve a *Paraíso occidental*: hablan con el Cristo de la cruz a cuestas, o con la Virgen, y tienen visiones; el mismísimo Santo Tomás les dice misa cuando están enfermas; salen ilesas milagrosamente de caídas al vacío; controlan las almas del purgatorio; y consiguen condonar el fuego divino que México se había ganado por sus numerosos pecados, cual nueva Sodoma, por las inundaciones de 1629.

En todos estos «sucesos admirables», como dice Sigüenza, late siempre la idea de que el convento de Jesús María es el nuevo «paraíso occidental» incontaminado, ante el que el demonio no tiene nada que hacer; pero insurge con fuerza en el capítulo XI, cuando Satanás toma la forma externa de la madre María de San Nicolás para sembrar la discordia en el convento y queda frustrado por la enorme ascendencia de esta monja sobre las demás. El «fruto» criollo de este paraíso, resulta, así, muy superior al «oriental», porque, a la par que americano, consigue vencer al demonio.

¿Cómo concilia Sigüenza su encendido amor a la verdad contrastada, con su amor por lo propio y el didactismo acrítico que se desprende de *Paraíso occidental*? Para interpretar estos tres aspectos en su exacta dimensión hemos de tener siempre presente que don Carlos escribe una «historia de mujeres» y «para mujeres», y que su finalidad no es otra que educar a las monjas mexicanas —y por extensión a las mujeres novohispanas— con «sucesos admirables» que ponderan virtudes. Es éste un rasgo de su historia ejemplar, que hemos sugerido al comienzo, y que conviene no olvidar. La obediencia es para Sigüenza —en este libro— una virtud fundamental, sin la cual se empañan todas las demás, como se encarga de recordarnos machaconamente en numerosos pasajes. Las monjas destacadas en su historia tienen como norma y cifra de todas las virtudes la obediencia: a sus padres, a sus esposos, a sus confesores o a sus superioras[46]. Y con su comportamiento

---

[46] Es útil, al respecto, el estudio de Ratto, 2002. Con todo, no debemos descartar la sincera devoción con que escribe Sigüenza. Su admiración hacia la madre Marina de la Cruz fue constante a lo largo de su vida y la explicita en su testamento.

y su sumisión ofrecen a su comunidad —el convento, pero también la ciudad de México— el modelo de conducta femenina que se debe seguir.

La tensión textual percibida en *Paraíso occidental*, entre el historiador acucioso y el creyente ingenuo y ortodoxo, se manifiesta de nuevo en la *Piedad heroica de don Fernando Cortés*[47]. Tanto uno como otro constituyen libros históricos fundacionales porque tratan de los albores de la historia de México y, simultáneamente, subrayan los sucesos admirables y las acciones excelsas de la patria mexicana (en el segundo caso desde su fundación por un héroe providencial, Hernán Cortés) hasta el momento en que escribe Sigüenza. De ahí que en ambos libros los aportes documentales sean básicos para su confección; pero también los hechos «prodigiosos» que subrayan el beneficio que Dios hace a México a través de sus hombres. Por eso los aspectos aparentemente anodinos desde el punto de vista histórico no sólo no rompen la unidad esencial de los libros, sino que la fortalecen. Este hibridismo discursivo, tan característico de muchos de los escritos de Sigüenza, está sometido siempre a un adoctrinamiento orientado hacia un fin «superior». Así, son de capital importancia los acontecimientos históricos relacionados con el hospital de la Inmaculada Concepción, con la fundación de la Universidad de México y con la aparición de la Virgen de Guadalupe. La honestidad intelectual y el rigor histórico de Sigüenza brillan con intensidad cuando llega hasta el extremo de proponer un método de investigación a los historiadores: «Trabajen en adquirir noticias en los archivos los que se aplican al exercicio de escribir historias»[48]. Pero son igual de relevantes los episodios en que se pondera la piedad de Cortés, parangonando a Eneas (con lo que conlleva de equiparación política y espiritual de México con Roma), o los que dedica a la narración «maravillosa» de sucesos y milagros acaecidos en el hospital de la Inmaculada Concepción y a los especiales favores que Dios ha hecho a este hospital por interce-

---

[47] He desarrollado estos aspectos en Lorente, 1996, pp. 111-119. Cito siempre por la edición de 1960.

[48] Sigüenza muestra siempre gran preocupación por la exactitud del dato histórico, quizá como medio de desarrollar una historiografía propia y fiable. En la *Piedad heroica* lo hace en diversas ocasiones. Una de las más evidentes ocurre en el cap. VI, p. 32: «Todas estas individualidades, aunque parezcan nimias, son necesarias para que de aquí adelante corran las Historias Mexicanas sin embarazo».

sión del P. Bernardino Álvarez, o del bachiller Antonio Calderón Benavides. La exaltación de la religiosidad del último, y sus indudables conexiones con otros criollos, permite entrever un grupo de presión en el ambiente cultural del virreinato, que permeaba todos los estamentos del virreinato, y nos pone en guardia sobre la visión providencialista del acontecer histórico reflejada en este libro[49]. Todos estos rasgos combinados confieren a la *Piedad heroica* una dimensión cuasi mítica, que la llena de ambigüedades, enriquece sus aspectos históricos y posibilita una nueva lectura del texto.

Sigüenza y la corte virreinal

La llegada del nuevo virrey, conde de Galve, el año de 1688, cambió la situación particular de Sigüenza. El conde de Galve supuso para don Carlos —al decir de Pérez de Salazar— «un protector que supo reconocer sus méritos y estimar su valer, a la par que un amigo dispuesto siempre a aprovechar esas cualidades en beneficio de la nación y en honra de D. Carlos»[50]. Desde luego el virrey tuvo el tacto de interesar patrióticamente a Sigüenza en sus actividades y éste se entregó sin reservas a las tareas que le encomendó su protector[51]. Algunos puntos de contacto sugieren intereses coincidentes y permiten justipreciar la actitud de Sigüenza, tildada por algunos críticos de «colaboracionista». Un hecho que sin duda atrajo a don Carlos fue las muestras de piedad que el conde de Galve dio en sus primeras actuaciones públicas. De otro lado, la guerra de la Gran Alianza contra Francia tuvo que unir necesariamente el sentimiento patriótico de criollos y gachupines en defensa de la común patria agraviada. Por eso tuvieron mejor fortuna las obras que escribió entre 1690 y 1693. Descontando el considerable número de informes, planos y cartas que por diversos

---

[49] En cualquier caso, no podemos dudar de la sinceridad de Sigüenza. Su testamento demuestra que la conciliación de tan aparente oposición (a nuestros ojos actuales) formaba parte esencial de su ser íntimo.
[50] Sigüenza y Góngora, *Obras,* pp. lvii-lviii.
[51] En realidad no era ésta la primera vez que Sigüenza estaba bajo el patrocinio de un gran promotor, como ha especificado Escamilla González, 2002a; para este tema en concreto, pp. 183-192.

motivos realizó en estos años[52], vieron la luz de la imprenta sus siguientes libros: *Infortunios que Alonso Ramírez, natural de la ciudad de San Juan de Puerto Rico padeció, así en poder de ingleses piratas* [...] (1690); *Relación de lo sucedido a la Armada de Barlovento* [...] (1691); *Trofeo de la Justicia española en el castigo de la alevosía francesa* [...] (1691); y *Mercurio volante con la noticia de la recuperación de las provincias del Nuevo México* [...] (1693). A éstos hay que añadir su carta al almirante don Andrés Pez, más conocida como *Alboroto y motín de los indios de México*, exhumada por Irving A. Leonard en 1932.

En honor a la verdad, el patrocinio del virrey se inició con la *Libra astronómica* y continuó poco después con el relato que Sigüenza escribió sobre las aventuras y desventuras del puertorriqueño Alonso Ramírez, conocido indebidamente como *Infortunios de Alonso Ramírez*. Con suma habilidad el conde de Galve supo ganarse la voluntad del sabio cortesano, cuyas aproximaciones a la corte virreinal no le habían reportado hasta ese momento los beneficios que esperaba. Y el mismo Sigüenza lo afirma cuando pone en boca de Alonso Ramírez las palabras que tanta fortuna han tenido entre la crítica contemporánea:

> Mandome [...] fuese a visitar a don Carlos de Sigüenza y Góngora, cosmógrafo y catedrático de matemáticas del Rey Nuestro Señor en la Academia mexicana, y capellán mayor del Hospital Real del Amor de Dios de la ciudad de México *(títulos son éstos que suenan mucho y valen muy poco, y a cuyo ejercicio le empeña más la reputación que la conveniencia)*[53]. Compadecido de mis trabajos, no [...].

Ningún otro libro de Sigüenza ha tenido la repercusión que el folleto que ahora nos ocupa. La amenidad de su lectura (rota en el último párrafo del capítulo I y en el comienzo del capítulo II con la localización geográfica del puerto de Cavite y la descripción náutica de la derrota de Acapulco a Filipinas), sus indudables artificios literarios (narración autobiográfica; inserción del autor como personaje en

---

[52] Uno de ellos, y de los más importantes, es el temor fundado a que franceses o ingleses se asentaran en algún lugar estratégico del Golfo de México, para hacer peligrar desde allí el desenvolvimiento del virreinato. El viaje de Sigüenza y la descripción posterior de la bahía de Pensacola, y su postrer polémica con Arreola se insertan con claridad en este motivo.

[53] Las cursivas son nuestras.

el texto; paralelismos con la picaresca, la novela bizantina o morisca, etc.), y la práctica inexistencia de novelas en la América colonial han llevado durante casi medio siglo a buscar en este relato una ficcionalidad inexistente[54], que permitiera presentarlo como la primera novela hispanoamericana. Quienes así piensan incurren permanentemente en la deturpación selectiva de su título, ignoran la hibridez genérica que caracteriza a la tradición historiográfica española del Siglo de Oro (rastreable, al menos, desde el reinado de los Reyes Católicos), y caen en alguno que otro anacronismo histórico, como involucrar a numerosos personajes de relevancia en el virreinato en una historia que se pretende real y no lo es; entre ellos, al propio virrey. Es decir, a la máxima autoridad virreinal encargada de velar por el cumplimiento de las leyes infringiéndolas. Una imprudencia política imperdonable, que le hubiera costado el cargo. Y más en el caso del conde de Galve, cuyo gobierno fue contestado desde sus inicios y que ya desde 1689 tuvo que afrontar numerosas acusaciones provenientes de una poderosa facción de criollos que se sentía injustamente tratada por cuestiones económicas. Pero, sobre todo, estos críticos olvidan que las novelas que nutrían el imaginario cultural de los criollos americanos y de los españoles peninsulares eran las mismas.

Descartado hoy el carácter ficticio de *Infortunios,* la crítica parece orientarse hacia la disyuntiva doble autoría/Sigüenza autor[55]; hacia el género al que pertenece[56]; o hacia el estudio de su narratividad, surgida al parecer como consecuencia de asumir este tipo de textos co-

---

[54] Una síntesis de esta idea en Lorente, 1996, pp. 163-175; y Castro y Llarena, 2003, pp. 45-66.

[55] Disyuntiva falaz, por otra parte. El texto de *Infortunios* es obra exclusivamente de Sigüenza. Otra cosa es el grado de fidelidad o de reelaboración que sufrió desde la versión oral de Alonso Ramírez. Es interesante, al respecto, el artículo de Sacido Romero, 1992. Son también muy interesantes las páginas que Castro y Llarena, dedican en su «Introducción», 2003, pp. 31-32 y 63-64.

[56] Ya es tradicional vincularlo con la novela picaresca, con la novela bizantina, o con la novela morisca. Recientemente se le ha vinculado con las narraciones de cautivos (Mora, 2001, pp. 341-368), desestimando siempre su historicidad esencial, aunque en el último caso sin poderla ignorar. Se abren perspectivas interesantes, si bien hemos de pensar que cualquier historia real, basada en un episodio de cautividad por piratas, necesariamente tiene que coincidir en muchos aspectos con las narraciones ficticias de cautivos, si no malamente podrían haber soportado éstas la prueba de la verosimilitud que le hubieran exigido sus lectores.

loniales una condición enmascarada que les permitiera eludir la censura oficial[57]. Las diversas perspectivas, en apariencia irreconciliables y realmente complementarias, enriquecen la lectura de *Infortunios*. De ahí que sólo nos reste incitar al lector para que se enfrente a una «relación histórica», (pero también legal, informativa, ideológica), que esconde en sus páginas excelencias literarias, derivadas de su composición narrativa —testimonio autobiográfico de Alonso Ramírez escrito por Sigüenza y Góngora—, de las noticias que suministra sobre la convulsa realidad histórica de América (y de Asia, Australia, Madagascar, etc.) a finales del siglo XVII, y de constituir un reflejo de la incipiente conciencia del «ser» americano.

La *Relación de lo sucedido a la Armada de barlovento*[58] es, en cambio, una crónica noticiosa que, como reza su título, relata sucintamente los hechos de armas acaecidos en la isla de Santo Domingo, entre julio de 1690 y enero de 1691, que concluyeron con la derrota de las fuerzas francesas en El Limonal y la destrucción y saqueo del puerto de Guarico y pueblos colindantes. Los hechos narrados deben enmarcarse dentro de la guerra europea que Francia sostuvo contra la gran alianza de los Haugsburgo (1687-1697) para reafirmar su predominio; pero también se corresponden con la especial pugna que mantuvieron franceses y españoles desde 1654 por el dominio absoluto de la isla[59].

El éxito rotundo de la fuerza combinada española fue conocido con rapidez en México. Y a renglón seguido Galve encargó a Sigüenza de su divulgación. Don Carlos, partícipe de la euforia general del triunfo y obligado con su patrocinador, compuso sin demora la *Relación*

---

[57] González Stephan, 1987. Varios son los problemas que surgen para poder aceptar esta hipótesis tan sugestiva. El primero de ellos, y básico, estriba en que está por demostrar la intencionalidad original de sus autores al escribir un texto, «híbrido» para nosotros. El segundo, deriva de la falta de estudios comparativos con textos historiográficos similares españoles. Y el tercero, es que esa hipótesis desestima la percepción que de esas obras tuvieron sus contemporáneos, al parecer, ignorantes, a los que venimos a redimir nosotros con nuestra «vasta» cultura. Más interesante me parece la propuesta de Belén Castro y de Alicia Llarena de analizar desprejuiciadamente la narratividad del discurso escrito, sin olvidar nunca que fue concebido como relación histórica.

[58] Cito siempre por la edición de *Obras*, de 1928.

[59] Al lector interesado le aconsejo el libro de Moya Pons, 1981; especialmente el cap. IX: «La ocupación francesa del oeste de la isla», pp. 87-97.

de lo sucedido a la Armada de barlovento, valiéndose de las «cartas y diarios» que el virrey puso a su disposición, para que «sea el regocijo de todos al leerla, en extremo grande». No tiene nada de extraño por eso que su narración guarde estrecho paralelismo con la composición de un cuaderno de bitácora: la anotación estricta de las fechas, la descripción pormenorizada de los desperfectos sufridos por los buques de la Armada, la abundancia del léxico marítimo, la narración de los combates navales, o la relación final de los «cabos principales» responde en gran medida a los de un diario de navegación. Además, la celeridad con que Sigüenza la escribió le obligó, sin duda, al seguimiento fiel de los documentos a que tuvo acceso. De ahí que lo primero que destaque de la *Relación* sea la veracidad histórica de lo narrado. Pero no por ello está exenta del sentido providencialista que traspasa todos sus escritos, y que aquí se manifiesta al comienzo del relato con marcado carácter antimaquiavélico:

> Fue la isla de Santo Domingo la primera de la América, en que se enseñó por los españoles la religión católica, y es hoy la que ocupada de franceses (y por la mayor parte hugonotes) por su costa septentrional está siempre clamando a quien puede hacerlo, el que lo remedie. Esta consideración, y Dios que quiso el que fuese así, estimuló sin duda a este excelentísimo príncipe, a que de su voluntad espontánea […] le enviase la Real Armada de barlovento…

Como hemos podido ver en el párrafo anterior, ya aparece, aunque de forma implícita, la idea, que desarrollará más detenidamente en *Trofeo de la Justicia española,* de que el triunfo de las armas españolas sobre las francesas se debe a que la «justicia» divina mueve los actos piadosos del virrey, conde de Galve, y le impele a la «reconquista» del primer sitio de América donde tuvo lugar la evangelización, ahora en manos de franceses. Pero lo característico de la *Relación* es su historicidad esencial y su proximidad formal a un diario de navegación. Quizá, por ello, ni el virrey ni Sigüenza quedaran contentos con tan sucinto relato y pensaran en la realización de otro relato que especificara «con más difusión todo el suceso para perpetua memoria». Así surgió *Trofeo de la Justicia española.*

La identidad temática y la proximidad textual entre ambas obras confundieron durante algún tiempo a los críticos, que llegaron a identificarlas como una sola obra. Pero una simple lectura muestra la mayor elaboración narrativa de *Trofeo,* que le confiere rasgos de literariedad inexistentes en la *Relación*. Contrasta, en primer lugar, el aparente tono imparcial de la historia contada en ésta, narrada siempre en tercera persona, con el tono comprometido del narrador-autor de *Trofeo*. Sigüenza se involucra en la narración de los hechos con el uso de la voz narrativa en primera persona y une su suerte a la actuación de las «católicas armas» españolas (o mejor, criollas), como se encarga de demostrar, con intromisiones incluso, en diferentes pasajes del discurso narrativo. Y, desde luego, son numerosas las referencias a «nuestras armas», «nuestros batidores», «nuestros lanceros» «nuestras baterías», «no carecemos de noticias», «habernos escusado el trabajo de castigarles», o a su propia persona: «no pretendo», «lo poco que aquí he dicho», etc.

El segundo aspecto que llama la atención es el acierto de Sigüenza al insertar los hechos de armas narrados en el contexto mundial que le corresponde. Es decir, como parte de la guerra que Francia y la Gran Alianza mantuvieron entre 1689 y 1697, pero también, y sobre todo, como parte de la lucha colonialista de las potencias europeas por el dominio de las tierras y el comercio americanos. Parece como que Sigüenza fuera consciente de la gravedad del momento en que vivía, en el que las guerras europeas habían pasado a la categoría de «guerras mundiales», y que la nación que adquiriera la supremacía de los mares adquiriría también el beneficio de la riqueza comercial y mercantil. Indirectamente el libro es un testimonio fidedigno de la impotencia de la monarquía hispánica por preservar América de los «nefastos influjos europeos» y sus secuelas de guerras continuas:

> Ya llegan a la América las centellas de los incendios marciales con que se abrasa la Europa...

Pero con ser importantes los aspectos antecedentes, no adquieren la relevancia de un tercer aspecto, esencial en la composición narrativa de *Trofeo*. Lo admirable es que, siendo fundamental para la comprensión del libro y vertebrador del discurso narrativo que encierra, haya pasado inadvertido hasta 1996. Me refiero a la antítesis conceptual que sirve de base a Sigüenza para la confección de su crónica histórica y que explicita en su propio título: *Trofeo de la Justicia española en el castigo de la alevosía francesa*. Los vocablos «trofeo», «Justicia» y «española» se oponen respectivamente a «castigo», «alevosía» y «francesa» y le confieren al título complejidad y riqueza, dignas de meditar. El término «trofeo» comporta tanto el significado de «insignia o señal pública como memoria de vencimiento», como «vencimiento moral o militar». «Justicia» implica tanto el significado de la virtud cardinal («dar a cada uno lo que le pertenece»), como el de «divina disposición» con que se castigan «las culpas y delitos de los hombres». Y ambos sustantivos, unidos al adjetivo «española» prenuncian la armonía entre los designios divinos y las providentes disposiciones del virrey, conde de Galve. En el lado opuesto, los términos en oposición se cargan de connotaciones negativas (y funestas) para los franceses. «Castigo» significa tanto «pena o multa contra quien ejecutó un delito o culpa grave», como «reprensión, corrección» y «advertencia, aviso, amonestación y enseñanza». «Alevosía» encierra en su significado la idea de «infidelidad», «enemistad» y «maquinación», como refleja en su definición: «acción ejecutada cautelosa y engañosamente contra uno». Así, el discurso narrativo de *Trofeo* se convierte en la explicitación de la victoria —moral, pero militar— que la «Justicia», entendida ésta como confluencia armónica entre la «divina disposición» y la virtud cardinal que guía a las «católicas armas», impone como castigo (pena, amonestación y aviso) a las armas francesas, a la par que la «señal pública» que la inmortaliza. Imbuido Sigüenza de la literatura moral hispánica, muestra las consecuencias beneficiosas que acarrea la realización práctica del ideal del príncipe cristiano —victoria sobre sus enemigos y prosperidad para su nación— frente al ideal maquiavélico del príncipe, concretados respectivamente en el virrey, conde de Galve (y por extensión, el monarca español), y el rey de Francia, Luis XIV, con su correlato «católicas armas»/«delincuentes armas». Ésta es la idea generatriz que traspasa todo el libro y a la que somete sus numerosas anécdotas y recursos literarios. Unas y otros, amalgamados, en *Trofeo* constituyen un discurso político de indudable valor propagandístico[60]. Y si bien don Carlos se atiene siempre a la utilización escrupulosa de los documentos de la época, que pregonan la eficacia de la expedición ordenada por Galve, subordina su manejo al hecho de que subrayan las buenas disposiciones del virrey. Y por si no quedara suficientemente claro, concluye el libro con un resumen de las empresas militares aco-

---

[60] Al lector interesado le recomiendo la exposición circunstanciada de esta idea en Lorente, 1996, pp. 128-142.

metidas por éste durante su gobierno y el logro feliz de las mismas. En este resumen Sigüenza concentra los numerosos elogios desperdigados en el texto de *Trofeo* y ofrece al lector la figura del virrey como un «modelo de virtudes», de forma similar a como lo había hecho once años antes con los «príncipes» aztecas en *Teatro de virtudes políticas*. De esta forma lo parangona a las figuras heroicas paradigmáticas y lo eleva como «benemérito de la cristiana república».

La carta al almirante Andrés Pez[61] (enviada por Sigüenza el 30 de agosto de 1692 a Madrid) podría considerarse el reverso de la *Relación* y de *Trofeo*. Aquí también, como en los libros anteriores, Sigüenza encarece las medidas adoptadas por el virrey, antes y después del tumulto del 8 de junio de 1692, hasta el punto de comparar su gobierno al de una nueva «edad dorada», que, para mayor gloria, tiene que enfrentarse a las calamidades naturales que durante más de un año asolan el virreinato. Es muy posible que éste sea el origen de muchos de los sinsabores que Sigüenza padeció al final de su vida. Don Carlos escribe esta relación de sucesos con el ánimo de influir en la opinión pública de la corte madrileña a favor del conde de Galve y de salir al paso de otras relaciones y cartas que lo atacaban. Se convierte de esta forma en el portavoz del «buen gobierno» del virrey en un asunto tan vidrioso —y tan difícil de justificar— como el motín del 8 de junio de 1692. Bajo la apariencia epistolar del relato se encierra la justificación de la actuación del virrey —un tanto desairada, ciertamente— y el rechazo de las relaciones firmadas por los «leales vasallos de Su Majestad» que lo acusaban de tirano y cobarde[62]. Sin esta perspectiva difícilmente se podría entender su texto, ni el juego de intertextualidad que establece con las cartas antecitadas, o el párrafo con que concluye:

> Éste es el estado en que nos hallamos y ésta es mi carta. Si le pareciere a vuestra merced el *imprimirla para que en esa corte y en esos reinos sepan todos con fundamento lo que otros habrán escrito con no tan individuales y ciertas noticias*, desde luego consiento en ello, presuponiendo el que *no se aña-*

---

[61] Se conoce como *Alboroto y motín de los indios de México*. Fue exhumada en 1932 por Leonard y publicada en México, Talleres Gráficos del Museo Nacional de Arqueología, Historia y Etnografía.

[62] Ver Lorente, 1996, pp. 143-155. Escamilla González, 2002a, pp. 192-198, reitera la misma idea.

da ni se le quite ni una palabra[63]; y si no fuere de este modo, no salga a luz.

Alboroto y motín conjuga, desde su párrafo inicial, la forma epistolar con la narración histórica que rebate las relaciones coetáneas opuestas a ella, y construye su relato sobre la base de una idea esencial, que ya hemos anticipado: el conde de Galve actuó en la noche del 8 de junio de 1692 como un modelo de príncipe cristiano, enfrentado a las calamidades continuas y a la ingratitud de la plebe, que tergiversó —instigada por algunos— sus denodados esfuerzos por contener el hambre de la ciudad. Y todo ello, como siempre, desde una óptica providencialista del acontecer histórico que lo preside y que contrasta paradójicamente con la observación crítica de la realidad que Sigüenza lleva a cabo permanentemente[64]. Don Carlos pormenoriza los «felices actos de gobierno» del conde de Galve, las continuas desgracias que se abaten sobre México, su actuación protagónica en la salvación arriesgada de los «libros capitulares» del ayuntamiento, las contradicciones sobre si el levantamiento fue espontáneo o dirigido, sobre el saqueo subsiguiente, o sobre las medidas que el virrey tomó, tras ser sofocado, para reprimirlo. La narración vívida entra en colisión con las cartas de los «fieles vasallos» del rey, e incluso con las noticias suministradas por su amigo y albacea, Antonio de Robles[65]. Pero tanto una como otras muestran con claridad que los indios ajusticiados en los días siguientes al motín fueron las cabezas de turco de una suble-

---

[63] Las cursivas son mías y subrayan, a mi juicio, las verdaderas intenciones de Sigüenza: que su «carta» sea conocida y «divulgada» por el público lector de la corte madrileña.

[64] Digo «paradójicamente», porque en realidad la óptica providencialista desde la que parte Sigüenza no le impide nunca actuar empíricamente como científico. Numerosos episodios de *Alboroto y motín* lo demuestran meridianamente (algunos de ellos han sido subrayados suficientemente por la crítica). Sin ánimo de desarrollarlos, subrayo los siguientes: Sigüenza ingeniero, que sobresale en la limpieza y construcción de nuevas acequias; Sigüenza astrónomo, en un pasaje superconocido que contrasta su alegría por poder observar el eclipse solar con el terror que la ciudad de México siente ante el mismo fenómeno; y Sigüenza agrónomo y entomólogo, que observa al microscopio «el enjambre de animalillos» que constituye la plaga del chiahuixtle.

[65] Robles, 1853, t. III, pp. 88-102. En todo momento habla sólo de «indios alzados». Para el día 8 de junio, pp. 88-95.

vación de mayor calado, entre cuyos componentes se encontraban indudablemente criollos descontentos: ministros de justicia —tildados de inoperantes por Galve—, vendedores de bastimentos y bebidas, e incluso caballeros insatisfechos. Ésta es, quizá, la razón por la que Sigüenza intenta conciliar sus observaciones precisas de la realidad con la concepción providencial que las preside. Y posiblemente ésta sea la razón por la que, discrepando las distintas relaciones, coinciden todas en responsabilizar a los indios del terrible motín, aunque edulcoren dichas responsabilidades —como en el caso de Sigüenza o Robles— con la interpretación providencialista de los hechos, que convierte a los indios en «agentes» de los designios divinos.

Mercurio volante con la noticia de la recuperación de las provincias de Nuevo México es una crónica similar a la *Relación de lo sucedido a la Armada de barlovento*. Su misión consistió también en divulgar noticias de hechos contemporáneos favorables al gobierno del conde de Galve. Guarda estrecha relación con diversos manuscritos —cartas cruzadas, informes de autoridades civiles y eclesiásticas novohispanas— de 1680 a 1696 existentes en el Archivo General de la Nación (México), entre las que figura el propio manuscrito autógrafo de Sigüenza y Góngora. Trata de la expedición punitiva que llevó a cabo en 1692 Don Diego de Vargas Zapata en tierras de Nuevo México y de la recuperación de dicho territorio, perdido hacia 1680 como consecuencia del levantamiento general de los indios taos, pecos, hemes y keres, y de las provincias de Zuñi y Moquí, apoyados por los apaches, y cuyos efectos marcan el inicio de un proceso de resistencia indígena al dominio español en aquellas provincias, que no concluirá hasta unos meses antes de la consumación de la independencia de México. Brevemente expuestas, las causas fundamentales de tan continuas rebeliones son dos: los malos tratos sufridos por los indios; y el cambio de vida a que se les obligaba, desde un estado de nomadismo hasta un sistema sedentario. Lo dramático del caso es que la sedentarización de estos pueblos trajo como consecuencia las avalanchas de otros pueblos nómadas que, procedentes de regiones más norteñas, invadieron toda la frontera norte. Estos grupos recibieron el nombre genérico de apaches y supusieron un poderoso obstáculo al establecimiento permanente de la vida en el norte de México.

Cuando el conde de Galve ordenó escribir a Sigüenza el *Mercurio volante* la situación en el virreinato era extraordinariamente precaria:

México no se había repuesto aún del terrible motín del 8 de junio; el hambre estaba generalizada; y las epidemias asolaban Nueva España. Por otra parte, la insurrección indígena del norte de México de ese año estaba resultando especialmente funesta para los intereses de los pobladores españoles, por las innumerables depredaciones que sufrían. El virrey se encontraba en entredicho y necesitaba perentoriamente un éxito en su gestión política que lo avalara ante Madrid. En este contexto la noticia de la exitosa campaña —y en absoluto gravosa— del gobernador de Nuevo México resultó providencial[66]. Y como hiciera a lo largo de su gobierno, Galve aprovechó las cualidades de Sigüenza para divulgar la victoria de su capitán general. Don Carlos no defraudó a su amigo y protector y escribió una obra propagandística, en la que se omitían las causas reales de la sublevación y se subrayaban, en cambio, la extraordinaria facilidad de la campaña y su excepcional gratuidad[67].

Por eso el *Mercurio volante* es algo más que una crónica noticiosa. A diferencia de otras (y como es frecuente en las obras de Sigüenza), resulta ser una historia edificante. No quiero decir con ello que la historia narrada por don Carlos no sea verídica a grandes rasgos[68]; pero el hilo providencialista que inunda su narración lo separa de otras crónicas, como la *Historia de la conquista, pérdida y restauración de el reino y provincias de la Nueva México*, de Juan de Villagutierre. Todas las escenas descritas, o los hechos relatados por Sigüenza persiguen demostrar lo ejemplarizante de la noticia promovida por el virrey, con la doble esperanza de elevar los ánimos de los habitantes de la capital, tan decaídos desde el terrible motín de junio, y de reivindicar al conde de Galve ante la corte del rey (y ante la suya propia). El texto siguiente es un buen ejemplo de lo afirmado:

---

[66] Robles, 1853, t. II, p. 117: «vino nueva de haberse ganado el Nuevo Méjico, día de la Exaltación de la Santa Cruz, 14 de septiembre de este año, en paz, sin sangre ni fuego; repicose en esta catedral...».

[67] Sin embargo, las medidas recomendadas por el gobernador, don Diego Vargas Zapata, tras la reconquista de Nuevo México implicaban una inversión considerable y, en consecuencia, un mayor endeudamiento del gasto público, como ha mostrado Gutiérrez Lorenzo, 1993, p. 81.

[68] Ver Lorente, 1996, pp. 158-162.

Éstos fueron los efectos de esta campaña en que, sin gastar un sola onza de pólvora o desenvainar una espada y (lo que es más digno de ponderación y estima) sin que le costase a la Real Hacienda ni un solo maravedí, se reunieron al gremio de la Iglesia Católica innumerables gentes y se le restituyó a la majestad de nuestro rey y señor Carlos Segundo un reino entero. No se halló en todo él español alguno, [...] consiguieron su libertad setenta y cuatro mestizos y genízaros que de los muchos que quedaron en cautiverio se hallaron vivos, y se les bautizaron dos mil doscientos catorce párvulos.

Sin detenerme en detallar las numerosas anécdotas de los encuentros con los indígenas ni el grado de intolerancia que se desprende del discurso que Sigüenza pone en boca del gobernador, don Diego de Vargas Zapata, quiero subrayar que el negativo de tal narración muestra al trasluz unos indios con alto grado de aculturación (saben español, son creyentes, aunque hayan apostatado, disfrutan del cultivo de los campos, etc.), que participan de algún modo de la cultura del conquistador, con una merma demográfica considerable y cierto grado de mestizaje, frutos ambos de los numerosos encuentros con los criollos. Esto es lo que posibilita la presencia intermitente e impune de los apaches, devenidos aliados de sus antiguos enemigos, que si en *Mercurio volante* se perciben como un peligro latente, emergerán con fuerza en los años siguientes para convertirse en el gran problema de la frontera norte del imperio hispano. Problema inexistente en los siglos XVI y XVII, cuando las naciones indígenas de Nuevo México, más numerosas que las diversas tribus apaches, se bastaban y sobraban para tenerlos reducidos a sus espacios naturales.

Sus últimos años

Todas estas obras muestran con claridad al Sigüenza cortesano, alineado con los partidarios del virrey y en contra de la poderosísima facción criolla enemiga del conde de Galve, que no paró de hostigarle hasta su juicio de residencia al final de su gobierno. Por otra parte, conviene recordar que la única aspiración del virrey, tras el desprestigio que sufrió en el tumulto de 1692, fue la de ser relevado del mando y regresar a España. Si no lo consiguió hasta 1695 fue por la inesperada muerte de su hermano y valedor en el Consejo de Indias, el duque del Infantado, y porque el gobierno de Madrid estaba harto ocupado con la guerra contra Francia. Es cierto que se siguió dedicando a los asuntos de estado y que continuó utilizando los inestimables servicios del sabio novohispano (y la actividad exploradora de Sigüenza a la bahía de Pensacola lo demuestra); pero los años finales de su gobierno estuvieron marcados por la precariedad y los sinsabores.

Es en este contexto donde hay que situar el engorroso incidente de la jubilación de Sigüenza y Góngora con la Universidad y su frustrada *Crónica* de la citada institución para entenderlos en su exacta dimensión. Los poderosos enemigos que Sigüenza se había ido creando a lo largo de los años en la Universidad y en las órdenes religiosas, incrementados tras su toma de posición en el tumulto de 1692, aprovecharon su esta vez justificado absentismo en la cátedra en 1693 para paralizarle durante bastante tiempo la pensión que le correspondía como catedrático jubilado y para cesarlo, poco después, en su cargo de contador, acusado de incumplir sus obligaciones. La intervención del virrey en su favor permitió la defensa apasionada de don Carlos, pero el claustro universitario se mantuvo firme en sus pretensiones y no renunció a sus prerrogativas. El desenlace no fue muy favorable para Sigüenza, quien no pudo hacer efectiva su pensión hasta muy avanzado el año de 1696 y perdió su puesto de contador.

A partir de este momento empezó a declinar su estrella[69]. Pese a mantener sus actividades, asistimos al paulatino declive de su vida, acelerado por las graves dolencias que tuvo que soportar hasta su muerte y que lo mantuvieron postrado la mayor parte del tiempo. La correspondencia científica que había mantenido con diversos científicos europeos (Kircher, Caramuel, Zaragoza, Cassini, Flamstead) a lo largo de su vida; el reconocimiento que le mostraban algunas personalidades del virreinato por sus documentos históricos (fray Agustín de Vetancurt y el P. Francisco de Florencia); o la visita de algún viajero ilustre (Francesco Gemelli Carreri) lo compensaban en parte de sus

---

[69] Todavía en junio de 1693 pretendía puestos y mercedes del rey, como muestra el poder que entregó a don Andrés Pez, a don Gonzalo Hurtado de Mendoza y a don Pedro Hurtado de Mendoza para suplicar por sus servicios y méritos y los de sus antepasados ante el rey y el Real Consejo Supremo de Indias: «en los puestos que espero resebir de su real y liberal mano, haciendo memoriales, presentaciones de papeles, Informes y otros recaudos [...] hasta que consignan la dicha merced...» (Pérez Salazar, 1928, p. 194).

desconsuelos. Pero su vida adquiría tintes cada vez más sombríos. El dolor permanente que le producían sus achaques, por momentos más continuos, la muerte de sus allegados (su hermano Francisco, su padre, el arzobispo Aguiar y Seijas), las calamidades que asolaban el virreinato en estos años y su famosa polémica con el capitán Arreola en 1699 llenaron de amargura y de pesar sus últimos momentos. Abatido y apagado por sus padecimientos físicos, murió el 22 de agosto de 1700. Días antes había dictado su testamento con la nimiedad y el cuidado que acostumbraba.

Dicho documento constituye uno de los testimonios más relevantes de su carácter. De ahí que haya sido subrayado unánimemente por todos sus biógrafos contemporáneos. Su ortodoxia y su devoción a la Virgen María, unidas a su creencia ciega en las curaciones milagrosas de diversos exvotos e imágenes que obraban en su poder (el sombrero del arzobispo Aguiar y Seijas, la estampa milagrosa de San Francisco Javier, o la cabeza de la beata Marina de la Cruz) coexisten —como en muchos de sus libros— con el científico riguroso, interesado por el conocimiento y por el progreso de la humanidad. Por eso su preocupación ante el destino final de sus libros, manuscritos e instrumentos científicos y la generosa donación de su cuerpo a los médicos y cirujanos, con la obligación de que hicieran públicas sus pesquisas para que «en las curas que en otros hisieren tengan principios por donde gobernarse»[70], y la exigencia a su heredero universal, su sobrino Gabriel López de Sigüenza, de «que de ninguna manera» estorbara su decisión».

Son numerosas las cláusulas en que se percibe su afán de quedarse en paz consigo mismo y su predisposición a morir cristianamente. Su talante caritativo, reflejado en su actividad de limosnero, se concreta en las sucesivas mandas que ordena en pro de la beatificación de diversos personajes, de la «fábrica» del templo de Guadalupe, de los pobres de las cárceles, de presbíteros, de indios enfermos en hospitales, de demenciadas, de monjas, o en misas para su alma. Todo lo dispone diligentemente, sin olvidarse del bienestar de sus familiares. En esta hora Sigüenza recuerda escrupulosamente sus deudas y ruega a sus albaceas que las cancelen. Tampoco se olvida de sus deudores. Evoca los malos ratos pasados como albacea de don Juan de Alba Cortés y

---

[70] Pérez Salazar, 1928, p. 190.

los agravios que como consecuencia de ello recibió de don Diego de Alba en el pleito que le interpuso, a través de unos mulatos y mestizos. Los perdona «de todo corazón», pero recuerda que los administradores del rancho de San Juan de Teotihuacan —herencia de don Juan— le adeudan atrasos.

Junto con su ortodoxia religiosa sobresale su veneración por la Compañía de Jesús. Ya en la cláusula primera del testamento pide ser sepultado en la iglesia del colegio jesuítico de San Pedro y San Pablo. Pero son las cláusulas 35-45 las que revelan su eterno agradecimiento a la Compañía por la «criansa y buena doctrina» que le inculcaron sus «paternidades». A ella cede todos sus libros matemáticos; sus libros pertenecientes a la historia de América, a la Conquista, a los indios americanos, o a los varones insignes que la han morado; sus manuscritos originales en castellano o en «lengua mexicana»; sus libros y mapas de la Antigüedad precolombina; su colección de obras de Kircher; sus diversos instrumentos matemáticos y su telescopio inglés; y los restos paleontológicos que encontró cuando el desagüe de Huehuetoca (1691).

De ahí que nos sorprenda más el que sólo mencione a la Universidad de México para recordar que «ha algún tiempo que no cobro el cortísimo salario» de su jubilación y el doloroso episodio de la interrupción de su libro sobre «su historia y grandeza», que había iniciado en agosto de 1699 y que —según palabras del propio Sigüenza— «se estorbó en un Claustro, no sé por qué motivo»[71]. Desde luego resulta chocante que tampoco ruegue a ningún capellán de la citada institución para que diga una sola misa por su alma —de las más de dos mil misas que concertó— y sólo le quede cierto remordimiento por su escasa asistencia a clase «que por culpa mía, o falta de estudiantes tuve en la lectura de mi cátedra».

Su entierro tuvo lugar el 23 de agosto y se realizó con gran pompa y boato, según lo describe su amigo y albacea, Antonio de Robles. El cura de la catedral, con su cruz y clerecía, representantes de la Real

---

[71] Leonard, 1963, pp. 20-23. Es muy probable que —como afirma González González, 2000, vol. I, p. 226— tras la petición de fray Pedro Remírez de que dicha historia no saliera del claustro, pues había en él «tan grandes sujetos» que podían realizarla, subyagan sus antiguas rencillas con la orden agustina, que volvieron a aflorar de nuevo para menospreciar a Sigüenza por no ser doctor ni pertenecer ya al claustro universitario.

Universidad y ministros del Santo Oficio asistieron a la solemne ceremonia de entrada, acogida y sepultura de sus restos por los padres jesuitas de la iglesia de su colegio mayor, San Pedro y San Pablo. La muerte anulaba definitivamente las tensiones que Sigüenza había sufrido en vida con sus contemporáneos e iniciaba el lento proceso de reivindicación de su figura histórica, como se encarga de subrayar con claridad la necrológica insertada en el *Diario de sucesos notables (1665-1703)*:

> Domingo 22, octava de la Asunción de Nuestra Señora, a las doce poco más de la noche, murió el Lic. D. Carlos de Sigüenza y Góngora, presbítero, natural de esta ciudad, gran matemático, catedrático jubilado de esta facultad; [...] imprimió algunas obras muy eruditas; había adquirido todas las historias y noticias de Indias; [...] cosmógrafo de S. M., contador de la real Universidad mejicana, insigne en todas ciencias, examinador general de artilleros, corrector del santo Oficio de la Inquisición de esta Nueva España, capellán mayor del hospital del Amor de Dios; [...] insigne filósofo, que se pudo comparar con aquellos que celebra la antigüedad; grande poeta.

Cap. I.

Sig.r Pinto inv.e del.   *Gioacchino Zonelli inc.*

*In mezzo alla maggior dissolutezza
de' Suoi condiscepoli
conserva intatta la Battesimale innocenza.*

Cap. II.

Colla forza di una Massima Evangelica
viene da S. Ignazio ridotto
ad una vita perfetta ed Apostolica.

II. ORIGEN Y PERIPECIAS DE
ORIENTAL PLANETA EVANGÉLICO

Sin descontar la sincera devoción de Sigüenza y Góngora por San Francisco Javier, manifestada en diversas ocasiones de su vida y especialmente en su testamento, la idea de elaborar un poema épico-religioso al santo misionero surgió poco después del lamentable episodio que concluyó con su expulsión de la Compañía de Jesús y, con toda seguridad, por un anhelo de congraciarse con tan «sacratísima religión». Su arrepentimiento sincero, reconocido incluso por los superiores de la Orden, no fue suficiente para que se le readmitiera, y la intensa actividad intelectual y profesional que desarrolló a lo largo de su vida encerró, en última instancia, un propósito de enmienda que aparece incluso en el interior del poema, cuando llega a confesar en medio del relato del milagro del cangrejo: «de la inmensa Deidad (por mí ofendida)».

Por otra parte, el «Parecer» de fray Antonio de Monroy refleja de forma indirecta que Sigüenza quiso publicar *Oriental Planeta Evangélico* y que si no lo publicó fue por razones ajenas a su voluntad —posiblemente porque desagradaba a las autoridades jesuitas mexicanas— y no, como dijera su sobrino en la carta a don Antonio de Aunzibay, porque el poema «no estaba bien limado en términos astrológicos». Dicha afirmación no pasa de ser una discreta disculpa, que se corresponde más con el tono reivindicativo de la carta que con la expresión de la realidad[1]. Antes bien, la opinión de sus contemporáneos fue bastante favorable, como parece desprenderse del citado «Parecer», donde se subrayaban con justeza la altura de su discurso poético y la belleza en la construcción de los conceptos.

En cualquier caso, es evidente que para 1680 Sigüenza y Góngora había desistido de sus intenciones de reincorporarse a la Compañía de Jesús y había abandonado *Oriental Planeta Evangélico,* pero que seguía teniendo en alta estima los versos de su antigua composición poética[2]. Sólo así podemos entender que reaprovechara las estrofas en que describía la «visión del galante templo» levantado por las heroicas empresas de Javier (estrofas 12-15, 18-19 y 21) para componer el arranque de la canción premiada en las fiestas que relata en *Glorias de Querétaro* (estrofas 1-6 y 7), con ligerísimas variaciones, derivadas, en gran medida, del cambio del objeto motivo de poetización.

Estructura y estilo del poema

En *Oriental Planeta Evangélico* Sigüenza y Góngora exalta las hazañas misioneras de San Francisco Javier como incansable apóstol jesuita en el Extremo Oriente (la India, Ceilán, Indochina, Indonesia y Japón) a la par que manifiesta su sincera admiración por los logros de la «siempre amante Religión» de la Compañía de Jesús[3]. En noventa y cinco octavas liras desarrolla su discurso poético con el fin de ofrecernos, en exaltado tono apologético, la vida y milagros del santo navarro, que simbolizaba espléndidamente la fuerza misionera de la Compañía, puesta al servicio del catolicismo reformado y del Papado.

Conocedor de las numerosas biografías sobre San Francisco Javier que desde fechas muy tempranas se habían publicado, las sigue lata-

---

[1] Escamilla González, 2002b.

[2] El propio Sigüenza nos ofrece el testimonio dúplice de su estima por su poesía y de los ataques que sufrió en la ciudad de México desde el comienzo de su vida pública, sin que sepamos bien la razón, en las palabras que estampa al comienzo de la canción que inserta en *Glorias de Querétaro* (p. 61): «Atribuyo a la heroicidad sobreexcelente de su asunto la dicha no esperada de haber conseguido la antelación a otras en la primacía del premio, *que no se perjudicó entonces con la expresión de mi nombre a que puede ser le granjeara el cortejo de aquella ciudad la circunstancia de ser en ella forastero y advenedizo*» (las cursivas son mías).

[3] Máyer, 2001. Para este punto concreto, p. 163.

mente para perfilar, con sucesivos arrebatos líricos, un relato circunstanciado de tan excelsa figura, contrastada siempre con las «limitaciones» que su «tosco acento» impone al poeta.

A continuación ofrecemos un esquema aclaratorio de su estructura externa:

1.- Estrofas I-VIII: invocaciones sucesivas (apóstrofe continuado) del hablante lírico a la «heroica lira», al «manantial de Pirene», al encendido topacio y a la Fama para que le acompañen en su canto y lo hagan más excelso. Reconocimiento de su incapacidad para realizar tan magna empresa; y aclaración del motivo de su empresa y del estado emocional en que se encuentra.

2.- Estrofas IX-XXIX: arrebatado por la emoción, el hablante lírico se deja llevar por Amor, que lo introduce presuroso «al gran teatro de nacientes luces». Así nos muestra su situación espacial y la visión del «galante templo», lo que le impulsa a denostar «las maravillas del mundo», pues yacen en el polvo desvanecidas, mientras que «Aquí se han emulado en duraciones / las persistencias con las perfecciones». La propia Fama corona su perfección y el poeta escucha lo que sus voces pregonan: el origen navarro, la infancia, desarrollo y juventud de San Francisco Javier.

3.- Estrofa XXX: intromisión del hablante poético, que se queja nuevamente de su incapacidad para llevar a cabo un canto acorde con la magnificencia que el tema requiere, y concreta el plan que piensa desarrollar con su «inculto, tosco estilo»: las «proezas raras» de Javier en Oriente.

4.- Estrofas XXXI-XILV: relato de la llegada del santo a Oriente y de su «heroica» misión. En él se describen los motivos insondables que movieron a San Francisco Javier, su llegada y su rápida conversión de infieles, la admiración que suscita en ellos por el poder que ejerce sobre el orbe y sobre los cuatro elementos —tierra, aire, agua y fuego—; su divino imperio sobre las diversas zonas del Planeta y sobre los variados climas, sobre el Océano y sobre el viento, en competencias con el cielo.

5.- Estrofas XLIV-XLV: nueva intromisión del hablante poético, llamada al lector y apóstrofe al santo, a quien se dirige como interlocutor.

6.- Estrofas XLVI-L: continuación del relato hiperbólico de las hazañas de San Francisco Javier, subrayando los prodigios que realiza «la Naturaleza inflamada».
7.- Estrofas LI-LVI: nuevo apóstrofe a Javier, al que identifica con la imagen antitética de un volcán de amor ardiente, encerrado en un cuerpo frágil.
8.- Estrofas LVII-LXXXI: prosecución del relato de sus hazañas, comparándolo sucesivamente con una «garza fugitiva», y con una luz fogosa «en la noche sangrienta / de la culpa mortal», que, cual carbunclo en la oscuridad, sólo está atento a derramar afectos y cantar amores». Los hombres, como antes los elementos de la Naturaleza, sienten su efecto benéfico, y a su influjo, lo ven como un gigante; los terribles brahmanes se convierten en «apacibles tornasoles»; los parabas lo ven ascender al cielo «por los mares del viento»; los sangrientos malayos (jaos, hacenos, moluquenses y mindanaos) abrazan la verdad; y los peligros que la catequización en Japón comportaba se soslayan. Diversos milagros subrayan su figura excepcional y su portentosa aportación a numerosos actos bélicos, entre los que se incluye incluso la paz de Quillín, en 1641, con los araucanos.
9.- Estrofa LXXXII: nueva intromisión del hablante poético, que vuelve a manifestar la tosquedad de su «acento».
10.- Estrofas LXXXIII-XCIII: finaliza el relato con la muerte de San Francisco Javier, su ascenso a los cielos, la recepción celestial que allí se le hace; y el eco de la tierra, que se suma al acontecimiento.
11.- Estrofas XCIV-XCV: conclusión al lector, en la que el hablante poético aclara que no ha sido su voz la que ha podido

> elogiar reverente
> esa lumbrera ardiente,
> cuyos brillos flamantes ilustraron
> toscos climas que a Cintio se negaron;

sino la voz «encendida» de la musa Talía, como proclama canora «con trompa de la fama».

Como hemos podido comprobar, Sigüenza y Góngora compone su discurso poético de acuerdo con los cánones establecidos en la poesía épica barroca, que había desplazado los anteriores gustos heroicos hacia una profusa exaltación lírica. En este sentido, conviene subrayar el acierto en la elección de la estrofa utilizada: la octava lira; una estrofa no muy frecuente en esta época, que combina la gravedad y elegancia de la octava real, necesaria para la realización de un poema épico, con la lira, ideal como cauce expresivo de la subjetividad del poeta.

Desde estos supuestos Sigüenza inicia *Oriental Planeta Evangélico* con los consabidos apóstrofes a la «heroica lira», a la inspiración, al sol y a la Fama, con los que pretende conseguir un tono poético elevado, necesario para la realización de su empresa. Estas invocaciones, usuales en la poesía épica, se contraponen estructural y conceptualmente (como no podía ser de otro modo en un molde tan tipificado) a las llamadas periódicas de modestia literaria con las que el hablante poético actualiza sus requisitorias al lector, rogándole que perdone las rudezas de su estilo y la osadía de su pretensión: cantar con su «rudo acento» un asunto tan elevado como el de narrar las «proezas raras» de San Francisco Javier. La intercalación periódica en el texto de sus protestas de humildad tienen la misión de remansar el inflamado tono poético del discurso literario, sometido a la selecta y sucinta pormenorización de los hechos milagrosos del santo jesuita y a los arrebatos líricos a que dicha narración lo transporta.

El uso continuado de la hipérbole confiere a *Oriental Planeta Evangélico* un tono elevado y apologético, que se corresponde con la intención declarada por Sigüenza en el título del poema y con la desorbitada grandeza del personaje encomiado. Nada menos que todo el Orbe —los elementos de la Naturaleza, las diversas zonas de la Tierra, los climas diversos, los espacios siderales y el mismo Averno— se rinde admirado ante las proezas misioneras de San Francisco Javier. No es extraño, por eso, que los gentiles, sobrecogidos por los numerosos prodigios presenciados, abracen la «verdad» de la religión católica, predicada por el santo jesuita y lo vean como un personaje gigantesco. Tampoco lo es que para componer dicha hipérbole Sigüenza se valga de un léxico abundante y culto, que abarque los más variados estratos y saberes: astrológicos, mitológicos, geográficos, histórico-antropológicos y geológicos. Vocablos como *esfera, facistol, lucero, eclíptica, estrella, globo, giros* conviven con *topacio, zafiro, diamante, rubí, rosa, azucena, lirio, alhelí, clavel, armonía, concentos, numerosos, volcán, piélago, Gange, Indo, Pancaya, Orontes, Tirreno, Mincio, Euro, Navarra, París, jaos, hacenos, mindanaos, garza* o *Fénix*. El último de los vocablos, Fénix, con la polisemia de su simbolismo nos introduce en la utilización que

Sigüenza lleva a cabo de los nombres mitológicos, que subrayan lugares idílicos para la imaginación del lector, o cualidades morales, en las que Javier resulta eminente. E inciden en la creación de un paisaje ideal y estilizado, poblado de referencias culturalistas, en el que se superponen permanentemente un plano real y un plano imaginario, y obligan al lector a orientarse por medio de todo el contexto para interpretar adecuadamente el texto del poema.

El uso profuso de recursos estilísticos procedentes del arsenal retórico gongorista y la repetición sistemática de los mismos muestran que Sigüenza y Góngora ha asimilado, como la mayoría de los poetas novohispanos de su época[4], las lecciones poéticas transmitidas por Góngora. Lo hemos visto en los cultismos lexicales seleccionados un poco más arriba, y lo volvemos a ver en el uso considerable de los cultismos sintácticos, y muy especialmente en el uso del hipérbaton.

Construcciones sintácticas del tipo *no B sí A* se repiten de forma reiterada, a veces con variantes *no B cuando A* o *No B cuanto A*. Incluso encontramos alguna fórmula *No B, A,* que es variación de la anterior, mucho más común. Por lo general el uso de estas fórmulas sintácticas tiene el propósito de reforzar una contradicción, como veremos a continuación, pero tampoco faltan ocasiones en que dichas fórmulas se utilizan con la finalidad de introducir la hipérbole en el texto poético:

> No con fragante salva
> de destilados ámbares suaves,
> no con voz dulce, que afectaron graves
> consonancias retóricas del alba [...]
> sí con admiración, pues ve a su mano...
> No al duro golpe
> de la temible muerte,
> sí a instancias de la luz de sus amores...

---

[4] Buxó, 1960. Discrepo, por tanto, de la afirmación de Elizalde, 1961, pp. 265-271, cuando afirma que en *Oriental Planeta Evangélico* «no se hallan ninguno de los aspectos profundos del gongorismo». En el fondo, Elizalde sigue las ideas expuestas por Ermilo Abreu en el «prólogo» a los *Poemas* de Sigüenza y Góngora (1931), de que Sigüenza quería eludir el gongorismo —una moda ya decadente— pero no pudo sustraerse a él. La realidad histórico-literaria, incluida la obra poética de Sor Juana Inés de la Cruz, muestra que el gongorismo estaba por aquel entonces en pleno apogeo en la América Hispana.

Al igual que Góngora, Sigüenza usa numerosas veces del hipérbaton en sus más variadas formas, ya sea separando el sustantivo de sus determinativos («Ese, que a la memoria / dulce es trofeo»), ya distanciando el adjetivo atributivo del sustantivo («Métrica entonas dulce melodía»; «las canoras del cielo luces»), ya interponiendo el genitivo («Tú, del cielo armonía»), o separando el artículo definido del sustantivo («El que el duro rocío / desperdicio oriental de roja Aurora / avaro expende, pródigo atesora / Parava»). Prácticamente no hay estrofa en la que no podamos encontrar este recurso, con la clara intención, aquí también, de separarse del lenguaje vulgar para buscar sus efectos estéticos, incrementados con frecuencia con la selección de vocablos esdrújulos.

Otro recurso que aparece numerosas veces en el texto poético de *Oriental Planeta Evangélico* es la simetría bilateral. Es evidente que Sigüenza conocía perfectamente el valor de este recurso, usual en la poesía española desde el Renacimiento, y que sabía muy bien la sensación de equilibrio y contrabalanceo que produce en el lector. Podríamos multiplicar los ejemplos, pero no queremos cansar con ellos al lector. Con todo, no nos resistimos a ofrecer una pequeña muestra:

> Del cielo luces, de Helicón Auroras
> Consonancias de luz, voces de estrellas
> Tosca mi pluma, balbuciente el labio
> Nieva jazmines o retamas dora
> O auge de luz, o eclíptica luciente
> Olas de rosas a mares de azucenas
> Pancaya inciensos, mirras el Orontes
> Deidad suprema o celestial Vulcano
> Néctares liba, lágrimas enjuga
> Busque elevado, sople deprimido
> doró de luces y argentó de estrellas

Con la bimembración —completa o incompleta[5]— subraya la musicalidad del poema, acrecentada por cierto sentido panteísta de la armonía cósmica, basado en la creencia en una música del universo que

---

[5] El afán por la bimembración llega en ocasiones hasta alcanzar una breve serie de versos, como es el caso siguiente: «Ya al cóncavo del cielo, / ya al convexo del suelo / busque elevado, sople deprimido / esté enlutado, o viva esclarecido».

integra con perfección matemática a todos y cada uno de los seres, animados o inanimados. El léxico relacionado con la música del orbe —o como diría Sigüenza, con el «armónico sistema»— es considerable. Términos como *lira, ecos, canoros, consonancias graves, números suaves, tráfago sonoro, armonía, dulce melodía, cadencias bellas, trompa de oro, instrumento, canto, heroico acento, sonido inmortal, acordes, plectro, voces suaves, fragante salva, concentos, salomas, música* o *querúbicos coros* asaltan al lector a lo largo de todo el poema. Y junto a éstos e íntimamente unidos, los términos astrológicos, con los que Sigüenza elabora un buen número de imágenes poéticas, plagadas de epítetos culteranos en los que se describe a San Francisco Javier, cuando no con las más variadas alusiones perifrásticas: *encendido topacio, sol ardiente, atleta del Olimpo soberano, religioso Prometeo, garza fugitiva, noble Colón del cielo, lumbrera ardiente,* o *inmortal zafiro* son algunos de las metáforas utilizadas.

Todo sirve para señalar el tono encomiástico de que está imbuido el poema, a la vez que para comunicar una plasticidad o un dinamismo que el solo nombre propio del santo no puede transmitir. En *Oriental Planeta Evangélico* hay distribuida una auténtica constelación semántica que gira en torno a los vocablos *luz, sol, fuego, cielo* y *nieve,* que matizan sus significaciones combinándose entre sí o con vocablos procedentes del agua y del viento. Unos y otros producen un ambiente idealizado y de tensión poética, lleno de imágenes visuales, auditivas, olfativas y táctiles, que confieren al texto colorido y sensualidad y coadyuvan al clima de exaltación religiosa que lo caracteriza.

La proliferación de recursos literarios —además de los ya señalados— como la anáfora, la antítesis, la personificación, el oxímoron, los epítetos culteranos o la sinestesia enfatiza el afán de Sigüenza por conseguir un texto artístico y musical, a la par que muestra la complejidad del poema y la pluralidad significativa que encierra.

En conclusión, la variada densidad lexical de *Oriental Planeta Evangélico* y la considerable cantidad de recursos desperdigados en él permiten afirmar que Sigüenza dedicó mucha atención y tiempo a su elaboración, o, por utilizar sus propias palabras, «mucho conato», y cuestionan su pretendido abandono, porque no tuviera bien limados «sus términos astrológicos». Antes bien, al contrario, las imágenes «astrológicas» no sólo no entorpecen la buena marcha del plan establecido en el poema, sino que intensifican el hiperbólico elogio desarrollado en su interior.

Cap. III

Gios. Velo inv. e del. Pietro Paulina inc.

Insieme con altri uomini Apostolici
si consacra a Dio con voti
sotto la disciplina di S. Ignazio

Cap. IV

In pericolo di morte per aspri legami
incarnatisi nelle polpe
ne resta prodigiosamente prosciolto.

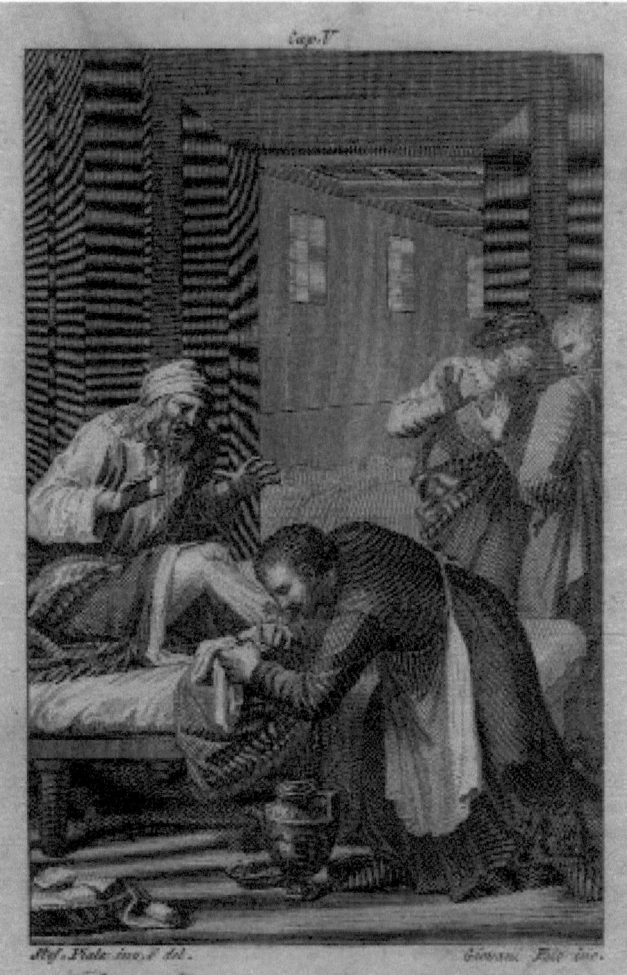

*Per vincere la ripugnanza dello stomaco
nel servir un ulceroso fetente
ne sorbisce tutto il putridume delle piaghe.*

Cap. VI.

Stef. Piale inv. e del.   *Pietro Fontana inc.*

Ritiratosi in una solitudine per 40. giorni con lunghe orazioni, ed aspre penitenze vi si dispone a celebrare la prima Messa.

III. BIBLIOGRAFÍA

ANDRADE, V. de P., *Ensayo bibliográfico mexicano del siglo* XVII, México, Imprenta del Museo Nacional, 1899, (2ª ed.).
ARELLANO, I., *Vida y aventuras de San Francisco Javier*, Pamplona, Fundación Diario de Navarra, 2005. Adaptación libre de varios biógrafos de San Francisco Javier.
BENÍTEZ, L., «Los *lunarios* en la perspectiva natural de Carlos de Sigüenza y Góngora», en *Carlos de Sigüenza y Góngora. Homenaje 1700-2000,* ed. A. Máyer, México, UNAM, 2000, I, pp. 125-144.
BERISTÁIN DE SOUZA, J. M., *Biblioteca hispanoamericana septentrional*, Amecameca, Tipografía del Colegio Católico, 1883 (2ª ed.).
BRAVO, Mª D., «Las *Glorias de Querétaro,* como relación de fiestas y su percepción del paraíso», en *Carlos de Sigüenza y Góngora. Homenaje 1700-2000,* ed. A. Mayer, México, UNAM, 2000-2002, vol. I, pp. 23-34.
BURRUS, E. J., «Sigüenza y Góngora efforts for readmission into the Jesuit Order», *Hispanic American Historical Review,* 33, 3, 1953, pp. 387-391.
BUXÓ, J. P., *Góngora en la poesía novohispana*, México, UNAM, 1960.
— «El *Triunfo Parténico*: jeroglífico barroco», en *Carlos de Sigüenza y Góngora. Homenaje 1700-2000,* ed. A. Mayer, México, UNAM, 2002, II, pp. 79-95.
CASTRO, B., y LLARENA, A., «Introducción», en *Infortunios de Alonso Ramírez,* ed. B. Castro y A. Llarena, Las Palmas, Universidad de las Palmas, 2003.
ELIZALDE, I., S. J., *San Francisco Xavier en la literatura española,* Madrid, CSIC, 1961.
ESCAMILLA GONZÁLEZ, I., «El Siglo de Oro vindicado: Sigüenza, el conde de Galve y el tumulto de 1692, en *Carlos de Sigüenza y Góngora. Homenaje 1700-2000,* ed. A. Mayer, México, UNAM, 2000-2002, II, pp. 179-203.

— «La epístola dedicatoria de Gabriel López de Sigüenza para el *Oriental Planeta Evangélico*. Nota introductoria», en *Carlos de Sigüenza y Góngora. Homenaje 1700-2000*, ed. A. Mayer, México, UNAM, 2000-2002, II, pp. 295-305.

GARCÍA, F., *Vida y milagros de San Francisco Javier de la Compañía de Jesús, Apóstol de las Indias*, Madrid, Juan García Infanzón, 1685.

GONZÁLEZ GONZÁLEZ, E., «Sigüenza y Góngora y la Universidad: crónica de un desencuentro», en *Carlos de Sigüenza y Góngora. Homenaje 1700-2000*, ed. A. Mayer, México, UNAM, 2000, vol. I, pp. 187-231.

GONZÁLEZ STEPHAN, B., «Narrativa de la estabilización colonial: *Peregrinación de Bartolomé Lorenzo* (1586) de José de Acosta e *Infortunios de Alonso Ramírez* (1690) de Carlos de Sigüenza y Góngora», *Ideologies and Literature*, I, 1, 1987, pp. 7-52.

GUTIÉRREZ LORENZO, Mª P., *De la corte de Castilla al virreinato de México: el conde de Galve (1653-1697)*, Guadalajara, Diputación Provincial, 1993.

KINO, E. F., *Exposición astronómica de el cometa*, México, Francisco Rodríguez Lupercio, 1681.

LÁZARO ÁVILA, C., *Las fronteras de América y los «Flandes Indianos»*, Madrid, CSIC, 1997.

LEONARD, I. A., *Don Carlos de Sigüenza y Góngora. A Mexican Savant of the XVIIth Century*, Berkeley, University of California Press, 1929.

— *Don Carlos de Sigüenza y Góngora: Poemas*, Madrid, Biblioteca de Historia Hispano-Americana, 1931. Estudio preliminar de E. Abreu Gómez.

— *Documentos inéditos de Don Carlos de Sigüenza y Góngora*, México, Centro Bibliográfico Juan José de Eguiara y Eguren, 1963.

— *DON CARLOS DE SIGÜENZA Y GÓNGORA. Un sabio mexicano del siglo* XVII, México, FCE, 1984.

LORENTE MEDINA, A., *La prosa de Sigüenza y Góngora y la formación de la conciencia criolla mexicana*, Madrid, FCE-UNED, 1996.

— «México: "Primavera inmortal" y "emporio" de toda la América», en *De Arcadia a Babel. Naturaleza y ciudad en la literatura hispanoamericana*, ed. J. Navascués, Vervuert-Madrid, Iberoamericana, 2002, pp. 71-94.

LUCENA, I. de, *Historia de la vida del P. Francisco Xavier. Y de lo que en la India Oriental hicieron los demás religiosos de la Compañía de IESVS*, Sevilla, Francisco de Lyra, 1619 (trad. por el P. Alonso de Sandoual).

MARAVALL, J. A., *La teoría española del Estado en el siglo* XVII, Madrid, Instituto de Estudios Políticos, 1944.

MÁYER, A., *Dos americanos. Dos pensamientos. Carlos de Sigüenza y Góngora y Cotton Mather*, México, UNAM, 1998.

— «El Guadalupanismo en Carlos de Sigüenza y Góngora», en *Carlos de Sigüenza y Góngora. Homenaje 1700-2000*, ed. A. Mayer, México, UNAM, 2000, I, pp. 242-272.

— «*Oriental Planeta Evangélico:* Sigüenza y Góngora y los jesuitas», en *Producción simbólica en la América Colonial,* ed. J. P. Buxó, México, UNAM, 2001, pp. 161-172.

MONTIEL BONILLA, A., *El «Teatro de virtudes» de Sigüenza y Góngora: ¿pilar del nacionalismo o texto cortesano del siglo* XVII?, Puebla, Secretaría de Cultura, Gobierno del Estado de Puebla, 1999.

MORA VALCÁRCEL, C. de, *Escritura e identidad criollas. Modalidades discursivas en la prosa hispanoamericana del siglo* XVII, Amsterdam-N.York, Rodopi, 2001.

MOYA PONS, F., *Manual de historia dominicana,* Santiago, Universidad Católica Madre y Maestra, 1981 (6ª ed.).

NÚÑEZ CÁCERES, J., *Concordancias lexicográficas de la obra poética de don Luis de Góngora,* Madison, The Hispanic Seminary of Medieval Studies, 1994.

O'GORMAN, E., «Datos sobre D. Carlos de Sigüenza y Góngora 1669-1677», *Boletín del Archivo General de la Nación,* México, 15, 4, 1944, pp. 593-612.

ORTIZ, L., *San Francisco Javier, Príncipe del Mar,* ed. I. Arellano, Pamplona, Fundación Diario de Navarra, 2004.

PÉREZ SALAZAR, F., *Biografía de don Carlos de Sigüenza y Góngora, seguida de varios documentos inéditos,* México, A. Librería de Robredo, 1928.

— «Los concursos literarios en la Nueva España y el *Triunfo Parténico*», *Revista de Literatura Mexicana,* I, 2, 1940, pp. 290-306.

QUINTANA, J. M., *La Astrología en la Nueva España en el siglo* XVII, México, Bibliófilos Mexicanos, 1960.

QUIÑONES MELGOZA, J., «Don Carlos de Sigüenza y Góngora: su *Triunfo Parténico*», en *Carlos de Sigüenza y Góngora. Homenaje 1700-2000,* ed. A. Mayer, México, UNAM, 2002, vol. II, pp. 79-92.

RATTO, C., «Sor Juana Inés de la Cruz y Carlos de Sigüenza y Góngora en el episodio novohispano de la «Querella de las mujeres»», en *Carlos de Sigüenza y Góngora. Homenaje 1700-2000,* ed. A. Mayer, México, UNAM, 2002, II, pp. 151-172.

ROBINSON, J. H., *The Great Comet of 1680,* Northfield, Univ. Minnesota, 1916.

ROBLES, A. de, *Diario de sucesos notables,* en *Documentos para la historia de Méjico,* t. II y III, Méjico, Imprenta de Juan R. Narváez, 1853.

ROSS, K., *The baroque narrative of Carlos de Sigüenza y Góngora. A New World Paradise,* Cambridge, University Press, 1993.

SACIDO ROMERO, A., «La ambigüedad genérica de los *Infortunios de Alonso Ramírez* como producto de la dialéctica entre discurso oral y discurso escrito», *Bulletin Hispanique,* 94, 1992, pp. 119-139.

SIGÜENZA Y GÓNGORA, C. de, *Alboroto y motín de los indios de México,* ed. I. A. Leonard, México, Talleres Gráficos del Museo Nacional de Arqueología, Historia y Etnografía, 1932.

— *Glorias de Querétaro,* México, 1965.

— *Infortunios de Alonso Ramírez*, ed. B. Castro y A. Llarena, Las Palmas, Universidad de las Palmas, 2003.
— *Libra astronómica y filosófica*, México, Herederos de la Viuda de Bernardo Calderón, 1690.
— *Libra astronómica y filosófica*, pres. J. Gaos, ed. B. Navarro, México, UNAM, 1959.
— *Obras*, ed. F. Pérez Salazar, México, Sociedad de Bibliófilos Mexicanos, 1928.
— *Paraíso occidental, plantado y cultivado por la liberal benéfica mano de los muy Católicos, y poderosos Reyes de España [...]*, México, Juan de Ribera, 1684.
— *Paraíso occidental*, ed. M. Glantz, México, UNAM, 1995.
— *Piedad heroica de don Fernando Cortés, Marqués del Valle*, ed. J. Delgado, Madrid, José Porrúa, 1960.
— *Triunfo Parténico/ que en glorias de María Santísima Inmaculada/mente concebida, celebró la Pontificia Imperial y Regia Academia Mexicana [...] Descríbelo/ Don Carlos de Sigüenza y Góngora/ Mexicano, y en ella Catedrático propietario de Matemáticas*, ed. J. Rojas Garcidueñas, México, Ediciones Xochitl, 1945.
TORRE, F. de la, *El peregrino Atlante / S. Francisco xavier / Apóstol del Oriente. Epítome histórico y panegírico de su vida, / y prodigios*, Barcelona, Rafael Figueró, 1695.
TORRES OLLETA, M. G., *Milagros y prodigios de San Francisco Javier*, Pamplona, Fundación Diario de Navarra, 2005.
TOUSSAINT, M., *Compendio bibliográfico del Triunfo Parténico de don Carlos de Sigüenza y Góngora*, México, Imprenta Universitaria, 1941.
TRABULSE, E., *Ciencia y religión en el siglo XVII*, México, El Colegio de México, 1974.
— *Los manuscritos perdidos de Sigüenza y Góngora*, México, El Colegio de México, 1988.
— «La obra científica de don Carlos de Sigüenza y Góngora», en *Carlos de Sigüenza y Góngora. Homenaje 1700-2000*, ed. A. Mayer, México, UNAM, 2000, I, pp. 93-123.
VETANCURT, A. de, *Teatro Mexicano. Descripción breve de los sucesos ejemplares, históricos, políticos, militares, y religiosos del nuevo mundo Occidental de las Indias [...]*, México, Doña María de Benavides Viuda de Juan de Ribera, 1698.

Nel viaggio per Lisbona prevista la rovinosa caduta di un infelice gli corre appresso a cavallo, e lo salva.

Cap. XI.

Dopo avere Santificata Lisbona
colle Apostoliche fatiche di un anno
S'imbarca nel Tago per Goa.

IV. NOTA PREVIA

El texto que editamos es una versión modernizada de la edición de 1700, realizada por D. Gabriel López de Sigüenza, sobrino de Sigüenza y Góngora, que se conserva en la Universidad de Austin (Texas), aunque hemos tenido a la vista también la edición de *Don Carlos de Sigüenza y Góngora: Poemas*, realizada por Irving A. Leonard, en el año 1931.

Hemos regularizado las pocas vacilaciones ortográficas s/z/, posiblemente procedentes del impresor. Las escasas diéresis transcritas, reflejo de una licencia poética de Sigüenza y Góngora, son de nuestra responsabilidad.

Los grabados que acompañan al texto pertenecen a un ejemplar de la *Vida iconológica* de Gaspar Juárez perteneciente al Dr. don Javier Añoveros, secretario general de la Cátedra San Francisco Javier, y poseedor de un rico fondo javeriano que nos ha permitido manejar con generosidad que agradecemos cordialmente.

Madrid, 2007

ORIENTAL
PLANETA EVANGÉLICO

Epopeya Sacro Panegírica

AL APÓSTOL GRANDE DE LAS INDIAS
S. Francisco Javier.

CARTA DE GABRIEL LÓPEZ DE SIGÜENZA AL SEÑOR LICENCIADO D. ANTONIO DE AUNZIBAI/ y *Anaya, canónigo de esta Santa Iglesia, juez,/provisor, y vicario general de este arzobispado/ y ordinario del S. Oficio de la Inquisición.*

Agradecido a los muchos favores que de la franca y benigna mano de V. S. tengo recibidos, ofrezco a su protección este poema que el Dr. don Carlos de Sigüenza y Góngora, mi tío, de edad de veinte y tres años compuso a honra de el ínclito y esclarecido Apóstol de las Indias, S. Francisco Javier, lauro digno de la siempre religiosísima, ejemplar y sabia Compañía de Jesús, madre fecundísima de sabios. Y aunque desde aquel tiempo estaban concedidas las licencias para que se diese a la imprenta, no quiso que saliese por parecerle no estaba bien limado en términos astrológicos por ser en los principios de su aplicación a esta facultad; no obstante, pareciome a mí conveniente el darlos a la estampa para decir su modo de obrar, no habiendo sido en algo omiso (como algunos le impusieron)[1] en cosas que necesitaban de vigi-

---

[1] Contesta aquí López Sigüenza a la acusación que se cernía sobre su tío de escribir obras que luego no publicaba, basándose en afirmaciones de sus propios ami-

lancia, como era dar a la imprenta muchas obras que trabajó para la utilidad común. Pues todos saben son grandes los gastos y costos de una imprenta, y, hallándose mi tío imposibilitado para hacerlos, ofrecíansele algunas personas a costear, dando lo que fuera necesario y, llegando a tiempo de ejecutarlo, faltaban a ello excusándose con las razones que estamos hechos a oír de los que, facilitándolo todo con promesas indeliberadas, a todo faltan, no cumpliendo lo que prometen. Con lo cual satisfago a quien me dijo prometía mi tío y no sacaba nada. Juzgue el que me lo dijo qué obras ha sacado, no sólo como las que le quedaron sin salir a público, sino también como las que se hallan impresas con su nombre, y hallará desvanecido su dicho, y más cuando sepa lo mucho que yo he dado, y también dio a personas que sabrán estimarlo y valerse de ello. Y estas son las obras que prometí en el Pronóstico saldrían a luz; que fío lo harán así.

No quiero, señor, dejar de decir a V. S., lo que me pasó con uno (que juzgo es médico), hablando (después que mi tío murió) del eclipse total que se vio años pasados, diciéndome que hasta los muchachos sabían que el eclipse había de ser total y que él lo vio antes de suceder, *y esto sólo lo dijo después de sucedido*. Púsose conmigo a argumentar lo que él ni yo entendemos, diciendo por último, y concluyendo, la gran dificultad de el argumento (que sólo a mí me puso) con decir *que cada día parían las madres*. Ya se sabe, señor, cuán ocupada de el miedo estuvo la gente con tan extraño suceso y, pues los muchachos y él anticipadamente lo supieron pudo entonces manifestarlo, así para que el suceso no nos cogiese tan sin aviso, como para que él se hubiese acreditado de su mucho saber[2], y, pues vivía mi tío, dijéraselo, o hubiera escrito, que fío hubiera llevado otro quinado[3] como el que dio con su *Libra astronómica*.

Ciertamente, señor, que no se parece esto a la estimación que los Excelentísimos Virreyes hicieron de él, y el que hoy felizmente gobierna, apreciando sus cosas, ocupándole en las de el servicio de Su

gos, como fue el caso de lo afirmado por don Sebastián de Guzmán y Córdoba en el prólogo a la *Libra astronómica y filosófica*.

[2] Hace referencia, sin duda, al conocido pasaje de *Alboroto y motín*, de la alegría que Sigüenza tuvo por poder ver un hecho que se ve tan de tarde en tarde, en oposición al miedo que causó a la mayoría de los habitantes de México.

[3] *quinado:* premio. *Quinar* en México es voz anticuada, que significa ganar una apuesta o una discusión.

Majestad, y en juntas, que en compañía de los señores togados se hallaba, como así mismo Su Majestad (que Dios guarde) honrándole en todo lo que le mandó, nombrándole en sus reales cédulas *doctor don Carlos de Sigüenza;* ni tampoco a lo mucho que todo lo más de esta ciudad le veneró, no siendo hombre que adulaba por adquirir conveniencias, pues con las que tenía estaba gustoso, quejándose a muchos no podía librarse, excusándose de dar la limosna que el ilustrísimo y venerable señor doctor don Francisco de Aguiar y Seijas le encargó por papeles (que tengo en mi poder), en que le dice le daría especial consuelo el que fuese él quien la repartiese, de que se mortificaba bastante; al cual echan mucho menos las viejas por el gobierno con que les repartía sin apreturas ni ahogos de ellas, y niños que por su pobreza llevan consigo, sin romperse los mantos y sayas, como sucede en semejantes actos. Y a esto se ordenaba la rectitud que tenía, porque menos no podía distribuirles el bien de la limosna por querer ellas todas juntas acudir a recibirla, sin atender a los muchos daños que de sus apreturas se les seguían, y por esto vivió mortificado.

Diez y ocho años obtuvo la capellanía de el Hospital de el Amor de Dios[4], donde fue recibido con gran gusto, como sentido en su muerte, sin innovar cosa alguna en contrario, antes sí, con su influjo acrecentó la renta a cuatrocientos y cincuenta y seis pesos, que antes era de trescientos y nueve, prohibiendo (porque no había menester esto para su sustento, ni ser el hombre que era) el que se cantasen las misas de los lunes, por componerse la pitanza[5] de medios que se juntaban entre los pobres enfermos, y más quiso perder este corto provecho que no que se les quitase a los enfermos, ni por fuerza, ni voluntariamente aquella cortedad. Y esto no fue quitar el bien a las ánimas de el Purgatorio (como dicen), porque era hacerles daño y mal a los enfermos para que a las ánimas que, siendo (como lo son) justas, no quieren bien con daño de otros, se les hiciese sufragios, que más se suelen solicitar por conveniencia propia que por alivio de sus penas. Así mismo quitó una fiesta que cada año se hacía a S. Francisco Javier (aun siendo muy su devoto) por componerse de diez reales que le sa-

---

[4] Si fuera así, habría obtenido dicha capellanía en 1682, como dice Pérez Salazar. No estamos nosotros tan seguros de ello. Del documento que exhumó Irving A. Leonard en 1984 se desprende que no fue hasta octubre de 1685.

[5] *pitanza:* distribución diaria de una cosa comestible o pecuniaria.

caban a cada enfermo cuando entraba a curarse, impidiéndoles la entrada hasta que exhibiesen los diez reales. ¡Véase si esto era bueno! Aseguro a V. S. que en esto (como en todo lo demás) era hombre ajustado y temeroso de Dios, queriendo las cosas puestas en razón y en su santa ley, sin tener tiempo ocioso, pues, aunque llegó a estar muy enfermo, no dejó de rezar, de que los médicos se admiraban de ver el aliento que tenía. Como ejercitándose en lo que el Santo Tribunal de la Inquisición le mandaba, que aceptaba con ciega obediencia, por lo cual han mostrado crecido sentimiento los señores de él en su muerte.

Las obras que imprimió fueron once libros y cuadernos, y éstos no cito por ser público y traerlos el reverendo padre fray Augustín de Betancurt citados en su libro intitulado *Tratados naturales, o cosas de las Indias*[6]. Las que dejó de escribir son[7]: la historia de esta Real Universidad, que tenía ya como la mitad escrita y por no sé qué embarazo dejó de proseguirla, y no sé yo qué la hizo[8]. La *Historia de México* y anotaciones curiosas, que había sacado de papeles antiguos muy auténticos y de los libros que sacó la noche de el tumulto, ocho de junio, de las casas de cabildo, donde ninguno quiso llegar, y sólo él con su esfuerzo y a peligro de su vida y de otros que con él iban, gastando de su propio caudal noventa y cuatro y más pesos para dar a los que con sogas subieron por el balcón de dichas casas a sacar dichos libros, librándolos de el incendio, los cuales llevamos a su casa yo y los demás hermanos de mi tío; de los cuales papeles, que para la *Historia* tenía sacados de dichos libros, algunos tengo en mi poder, otros dio y di yo, y con bastantes libros me hurtaron en su muerte, y otras cosas. La *Relación del tumulto* la tengo en mi poder, y otros informes muy buenos, y otros cuadernillos de varios asuntos, cinco libros de a cuarto, de varia erudición, manuscritos, los más suyos, y de otros ingenios de los que solían acompañarle, di yo y paran en poder de el doctor Ansures. Los libros de la *Monarquía Indiana*, y Bernal Díaz

---

[6] Gabriel López de Sigüenza se refiere, sin duda, al libro de Vetancurt, publicado en 1698.

[7] Como podemos ver a continuación, el expolio y la pérdida de la excelente biblioteca de Sigüenza y Góngora se inició inmediatamente después de su muerte. Al lector interesado en perseguir las peripecias de los manuscritos de Sigüenza, le aconsejo el libro de Trabulse, 1988.

[8] A ello hace también referencia el propio Sigüenza en su testamento.

del Castillo, todos a la margen anotados de su letra, paran en poder de un amigo muy aficionado y dado a las historias y curiosidades de esta Nueva España. Entre cuatrocientos y setenta libros que dejó al Colegio de la Compañía de Jesús de San Pedro y San Pablo, fueron veinte y ocho manuscritos, doce de a folio y diez y seis de a cuarto, voluminosos, de los más exquisitos que hay ni habrá, así de cosas suyas como de otros, todos originales.

No digo ahora nada acerca de lo mucho que trabajaba para hacer el pronóstico; sólo sí digo que los hacía con mucho cuidado, porque decía era cargo de conciencia y restitución el hacerlo sin cuidado hallándose con los mejores libros de esta facultad, y efemérides novísimas, en donde vio que el año de 1701 hay cuatro eclipses, y no dos, y éstos que no se verán por las razones que expresa en su Pronóstico, y que yo he visto, como todos los que habrá hasta el año de 1711. Dejo esto para su tiempo, si Dios me diese vida para ver en esta ciudad al bachiller Marcos Gamboa, de quien tuvo grandes esperanzas, diciendo sería consumado en esta facultad y de quien podrán fiarse en sus pronosticaciones, por ser estudioso y haberlo enseñado mi tío con gran gusto y cuidado.

Paréceme, señor, que habré cansado a V. S., pero el amor con que a mi tío miraba y lo mucho que le debí me ha hecho ser molesto, aunque veo que mi corto talento no alcanza modo para explicar las prendas con que Dios Nuestro Señor le había dotado, afable comunicado, compuesto en sus palabras, modesto y ejemplar en la calle, y dentro de su casa rígido, caritativo, principalmente con los enfermos, y amigo de hacer bien a todos sin interés ninguno; amigo de la verdad, abominando la mentira y malicias, y al fin hombre compuesto y medido en todas sus cosas, y erudito en todas ciencias, como a todos consta. Y vuelvo a lo caritativo que fue: en el testamento que otorgó, dotó de su propio caudal a cuatro sobrinas suyas, repartió todos sus vestidos entre pobres de su familia, y a clérigos pobres sus manteos[9] y sotanas, socorrió los pobres de las cárceles, a los indios del Hospital real, a los tres recogimientos de mujeres y locas, a los hospitales de San Lázaro, San Antonio Abad y San Hipólito, y al de sacerdotes de San Pedro, donde dotó tres días de comida, y a otros conventos de religiosos mendicantes, y religiosas pobres y viudas desvalidas, de que

---

[9] *manteos:* capas de los eclesiásticos, de cuello angosto, que cubren hasta los pies.

parte ejecutó mucho en vida, y yo en menos de ocho días casi ejecuté todas las mandas y obras pías, componiéndose el testamento de más de noventa y seis cláusulas, todas de mandas de a doscientos, trescientos, ciento, cincuenta, veinte y cinco; y entre éstas sólo habrá tres que fueron de a seis pesos. Repartiose toda su ropa blanca públicamente y haciendo obras pías entre los suyos, no olvidándose de los que en su enfermedad le asistieron, dejándoselo agradecido con dádivas; y aunque vean todas estas mandas que importan mucho, no por eso me dejó el caudal que pueden presumir. Dios Nuestro Señor (como fío de su gran misericordia) le habrá premiado las obras tan pías que hizo, como el haber padecido un año en cama de mal de orina, dejando cláusula apretante para que después de muerto lo abrieran para que fuesen otros deste achaque curados, que se ejecutó y se le sacó de un riñón una piedra bien grande[10]. Y así vuelvo a decir que fío en su Divina Majestad le estará gozando, y a quien pido me guarde a V. S. muchos años. México, y octubre 22 de 1700. Está a los pies de V. S. su afecto servidor, D. Gabriel López de Sigüenza.

[PARECER]

Parecer del ilustrísimo y reverendísimo señor doctor y maestro don fray Antonio de Monroy, rector entonces del Colegio de Porta Coeli de México, catedrático de Santo Tomás, generalísimo del orden de Santo Domingo, y arzobispo de Santiago de Galicia.

Excelentísimo señor:

Por mandado de vuestra excelencia he visto un cuaderno, cuyo título es *Oriental Planeta Evangélico. Epopeya sacro-panegírica al Apóstol Grande de las Indias,* que dispuso el bachiller don Carlos de Sigüenza y Góngora, y registrado con atención hallo que el autor celebra con métrica armonía las soberanas hazañas, acreditados prodigios, celestia-

---

[10] Coincide con lo afirmado por Antonio de Robles en su necrológica sobre Sigüenza, el 22 de agosto de 1700: «Mandose enterrar en el Colegio de San Pedro y San Pablo de la Compañía: y que luego que muriese, lo abriesen para que reconociesen el daño y pudiesen los médicos y cirujanos con su experiencia aprovechar a otros enfermos; [...] ejecutose su mandato, y habiéndolo abierto, le hallaron en el riñón derecho, donde dijo que sentía dolor, una piedra del tamaño de un hueso de durazno» (p. 264).

les prendas y heroicas virtudes que del gloriosísimo Apóstol de la India San Francisco Javier, fama inmortal de la ínclita y esclarecida religión de la Compañía de Jesús, superior lumbrera, evangélica suprema luz, cuyos ardientes rayos disiparon victoriosamente las tinieblas que anublaban lo oriental de la India, reduciendo a la verdad innumerable multitud de los que la habitaban. Confieso ingenuamente son los poéticos discursos de este cuaderno altísimos, pues en ellos se ven centellear las luces de tan esclarecido sol. El estilo es grave, la colocación singular, la fábrica en el artificio de los conceptos hermosa, la fertilidad de las noticias mucha, matizada y esmaltada con variedad exquisita de letras humanas, y que con grato obsequio explicando y fundando excelencias y primores anexos a la altísima dignidad que el divino Javier posee en majestuoso trono en el *sancta sanctorum* de la gloria, donde triunfante asiste aplaudido de las intelectuales sustancias. Atiende sólo el autor a que el santo Apóstol sea alabado y reverenciado y solicita en sus floridos versos se aumente ilustremente su devoción y se prolongue gloriosamente su culto. Por lo cual, y no haber en dicho cuaderno cosa que se oponga al verdadero sentir de la Iglesia, ni buenas costumbres, soy de parecer (siendo Vuestra Excelencia servido) se imprima; y así mismo podrá darse a la estampa otro cuaderno que el autor intitula *apologético,* que por su *Primavera indiana* escribe, atento a no tener cosa contra nuestra santa fe. Porta Coeli, hoy, 14 de agosto de 1668. *Fray Antonio de Monroy.*

[LICENCIA DEL VIRREY]

El excelentísimo señor conde de Montezuma, virrey de esta Nueva España, concedió su licencia para la impresión de esta obra, por decreto de 16 de octubre de 1700 años.

[SENTIR]

Sentir del doctor don Antonio de la Gama, catedrático de vísperas de Teología y canónigo penitenciario de esta Santa Iglesia Metropolitana de México, y examinador general de su arzobispado.

De orden y comisión del señor licenciado, don Antonio de Aunzibay y Anaya, canónigo de esta Santa Iglesia, provisor y vicario general de este arzobispado, he visto un poema que compuso el licenciado don Carlos de Sigüenza y Góngora, catedrático jubilado de Matemáticas, cosmógrafo del rey nuestro señor, y capellán del Hospital del Amor de Dios de esta ciudad, cuyo título es *Oriental Planeta Evangélico. Epopeya sacro-panegírica al Apóstol de la India San Francisco Javier,* y en todo él no hay cosa alguna que desdiga la buena y sana doctrina; antes sí es de un estilo poético muy lacónico y elevado, y con él pondera y ensalza las grandes virtudes y celo evangélico del Apóstol de la India, y así juzgo que se puede imprimir. México, y octubre 14 de 1700. Besa las manos del señor provisor su mayor servidor y capellán. *Doctor don Antonio de la Gama.*

[LICENCIA]

El señor licenciado don Antonio de Aunzibay y Anaya, canónigo de esta Santa Iglesia, juez, provisor y vicario general de este arzobispado, concedió su licencia en conformidad del parecer del señor doctor don Antonio de la Gama, por auto de 16 de octubre de 1700.

[SONETO]

Del bachiller don Andrés de los Reyes Villaverde a D. Gabriel López de Sigüenza, sacando las octavas póstumas del doctor don Carlos de Sigüenza y Góngora, su tío.

SONETO

Qué de inmortal el nombre alcanza exento
el autor en sus obras, Gabriel; cante
Talía inmarcesible, que constante
de sus elogios pulsa el instrumento,
que aunque muerta la voz, dura el concento   5
de apolíneo Endimión, délfico Atlante:
retórico publicas elegante
y el alma de lo agudo, en que halló aliento
métricas cuando ostentas las cadencias
con que de Javier, Carlos en las glorias   10
prodigiosas concuerda preeminencias,
y con sola una acción haces notorias

de éste en memorias, vivas excelencias;
de excelencias de aquél, vivas memorias.

De Bernardo de Villanueva a don Gabriel de Sigüenza, sobrino del autor

DÉCIMA

Tres hazañas, tres victorias
contra el olvido crüel,
consigues hoy, don Gabriel,
en tres ilustres memorias,
si haciendo a el mundo notorias   5
de Javier las alabanzas,
vida a su autor afianzas
en la venidera edad,
con la misma eternidad
que para tu nombre alcanzas.   10

Del bachiller don Miguel Pérez de Galves, médico examinado, al autor.

DÉCIMA

Para mejor renacer
el Fénix de su ceniza
la región aromatiza
con fragancias al arder.
Carlos cuando de Javier   5
al mundo glorias derrama,
de aquella ardorosa llama,
que su amor le solicita,
como Fénix resucita
para eternizar su fama.   10

[ORIENTAL PLANETA EVANGÉLICO]

Calle la heroica lira
cuyos ecos repiten las canoras
del cielo luces, de Helicón[1] auroras,
divinas musas, porque ya no inspira
en consonancias[2] graves,   5
los números[3] süaves
que en sucinta, en galante, heroica suma,
mi afecto dicta a mi canora pluma.

Corran, pues, los raudales
de la corintia pálida Pirene[4];   10
robe las atenciones que mantiene
su tráfago[5] sonoro de cristales,
mientras que peregrina[6],
de esfera cristalina
sagrada inspiración rige mi aliento,   15
que en giros de sus plumas lleva el viento.

[1] *Helicón:* montaña donde residían las Musas. La heroica lira de las musas paganas ya no inspira a su pluma cantora, dedicada a un tema superior.
[2] *consonancias:* armonía concordada de dos o más voces.
[3] *números:* proporción o cadencia, que hace armoniosos los períodos músicos o poéticos.
[4] *Pirene:* manantial de Corinto, nacido de Aqueloo, el mayor río de Grecia. Como otras fuentes de la mitología significa la inspiración.
[5] *tráfago:* movimiento y actividad.
[6] *peregrina:* dilogía de Sigüenza sobre su inspiración. Esta exquisita inspiración peregrina se mueve ahora en esfera cristalina (el cielo), porque es sagrada, no pagana; por eso deja que corran los raudales de Pirene, que como otras fuentes (Hipocrene, Castalia) simboliza la inspiración poética pagana que ahora ya no necesita.

Tú, encendido topacio,[7]
alma flamante del luciente día,
cuya inexhausta diaria monarquía
cortesanos adulan del palacio   20
de ese inmortal zafiro,
con presuroso giro
dirige de tus plácidos ardores
al débil pecho mares de esplendores.

Tú, del cielo armonía   25
nunca dormida, siempre vigilante,
que en facistol[8] de olímpico diamante
métrica entonas dulce melodía,
pues debes a los cielos
generosos desvelos,   30
dispende[9] ahora con cadencias bellas
consonancias de luz, voces de estrellas.

Y tú, monstruo[10] de pluma,
volante Fama, cuya trompa de oro
al viento vago[11] da con son canoro   35
proezas grandes en sucinta suma,
bate las prestas alas
dando al Empíreo galas,
pues propicia te exora[12], y aun risueña
esta de mi atención piadosa seña.   40

Empuña el instrumento,
a cuyo son el rudo canto mío

---

[7] El encendido topacio (piedra preciosa de color amarillo) es el sol, a quien adulan los astros, cortesanos del palacio celeste (o de zafiro, piedra de color azul, imagen del cielo).

[8] *facistol:* atril donde se colocaban los libros cantorales. El diamante olímpico es metáfora por el cristal del cielo; o sea por el cielo. Invoca en su ayuda la música del cielo.

[9] *dispender:* gastar.

[10] *monstruo:* parto contra la naturaleza. A la Fama se representaba con alas.

[11] *viento vago:* el epíteto de *vago* es tópico para el viento en el Siglo de Oro. Calderón habla a menudo de la «vaga región del viento».

[12] *exora:* ablanda.

desde el adusto can[13] al polo frío
festivo vuela con heroico acento,
y esparce (sin que estorbe   45
la grandeza del Orbe)
con sonido inmortal que el viento rompa
esta que atiendes soberana pompa.

Pero tente, que atento
reconozco, contemplo sin agravio,
tosca mi pluma, balbuciente el labio,
leves los rasgos, tímido el acento,
que voces transitorias
en soberanas glorias
nunca acordes sonaron, y las mías   55
en tanto resplandor son sombras frías.

De Javier las grandezas
(heroica empresa) tocará mi pluma.
Bastan ya, torpe nieto de la espuma[14],
de tus arpones trémulas pavesas,   60
que de amor más sagrado
dulcemente robado
mi tosco plectro[15], que Helicona mueve,
da afectos muchos en concento breve.

Robados los sentidos   65
en éxtasis de amor, hoy dulcemente
rompen del Euro[16] el seno transparente
de apacibles violencias impelidos.
Vuela, Amor, presuroso,

---

[13] *adusto can:* seca o requemada canícula. Quiere que su canto llegue a todo el mundo, desde las zonas tórridas a las polares heladas.

[14] *nieto de la espuma:* el dios Amor, Cupido, nieto del mar, de donde nace Venus. Sigüenza coge de Góngora la acepción de espuma como mar. Góngora usa en la Segunda Soledad esta expresión «nieto de la espuma» para Cupido. No va a cantar el amor profano, sino el sagrado. Hay que interpretar *robado* como 'arrobado, en éxtasis', como en el v. 65.

[15] *plectro:* instrumento para tocar la cuerda de la lira u otro instrumento. Aquí, metafóricamente, la poesía, que la fuente Helicona mueve.

[16] *Euro:* viento del sudoeste. Es hijo de la Aurora y de Astreo, o acaso de Tifón.

astro del cielo hermoso, 70
que a expensas de tu vuelo me introduces
al gran teatro de nacientes luces,
allí donde madruga,
y en solios[17] de oro, el trémulo diamante
con hidrópico[18] labio centelleante 75
aromáticas lágrimas enjuga,
que al imperio de Flora[19]
da la dudosa Aurora[20],
y en donde del clavel el humor frío,
ni bien queda carmín, ni bien rocío. 80

Allí donde fragantes
inundaciones de orientales gomas
el aire densan, y árabes aromas
el alcázar del sol buscan volantes;
allí donde canora 85
la eterna Fénix[21] mora,
símbolo heroico en colorida esfera[22]
de la gran duración que nos espera.

Embarazo[23] del aire

---

[17] *solios:* tronos. Se refiere al Oriente, donde madruga o sale el sol.

[18] *hidrópico:* bebedor en exceso. El sol seca el rocío (por eso es hidrópico, porque se lo bebe) que deja sobre las flores (imperio de Flora) el amanecer (dudosa aurora, porque es el momento de la salida del sol, y va desapareciendo la oscuridad pero aún no hay claridad total).

[19] Diosa que hace florecer toda la vegetación.

[20] *dudosa Aurora:* tiene que ver con la incierta luz del amanecer, pero también con la mala reputación de la Diosa, que fue condenada por Venus a estar eternamente enamorada por haberla descubierto haciendo el amor con Marte. En el amanecer temprano (la dudosa aurora) el sol seca las gotas de rocío que la aurora deja en los pétalos de las flores.

[21] *Fénix:* ave mitológica parecida al águila, procedente de Egipto, que se inmola en el fuego para renacer de sus cenizas. En la cultura española del Siglo de Oro se la asocia con la eternidad y con el propio Jesucristo.

[22] *colorida*: porque el ave fénix era la de más rico colorido y llena de colores el cielo por el que vuela.

[23] *Embarazo:* obstáculo, impedimento.

(imán de infatigables suspensiones)²⁴   90
sin mendigarle a Grecia perfecciones
ni recelar del tiempo algún desaire,
miro un galante templo,
donde airosa contemplo
la perfección en término sucinto   95
del volado arquitrabe al bajo plinto.

Su materia luciente,
informada²⁵ con mórbida blandura,
es bella emulación de la luz pura,
augusta envidia del ardor fulgente   100
de ese rubio topacio
que en el azul palacio
es monarca de luces, cuya gala
bárbaro adula el oriental bengala²⁶.

En todo majestoso²⁷,   105
airosamente por el aire sube
a coronarse de volante nube.
¿Qué digo? Pues advierto que es ocioso
cuando sin osadía
en presencias del día   110
del mismo Atlante²⁸ en competencias bellas
en sus hombros sustenta a las estrellas,

y aun antes que a los montes²⁹
del sol saluden los templados rayos

---

²⁴ Ese templo es imán de admiraciones incesantes (infatigables suspensiones) por su grandeza y perfección que no envidia a la de los templos griegos. Simbólicamente se refiere a San Francisco Javier, que por sus proezas religiosas es templo elevado de la fe y Atlante del cielo.

²⁵ *informada:* dada forma. Feliz antítesis entre la dureza del imán del templo y la «mórbida blandura» de su materia luciente.

²⁶ *bengala:* bengalí. Los bengalíes, dice, adoran al sol (rubio topacio del azul palacio del cielo, monarca de luces).

²⁷ *majestoso:* majestuoso.

²⁸ *Atlante:* gigante que encabezó la rebelión contra los dioses y fue castigado por ello a cargar siempre sobre sus hombros la bóveda celeste.

²⁹ Es tan alto el templo que antes que el sol ilumine los montes ilumina el templo.

(luciente vida de fragantes mayos)   115
siendo atalayas destos horizontes,
merecen sus alturas
del sol las luces puras,
y a vista desta luz la blanca aurora
nieva jazmines o retamas dora.   120

Callen las celebradas
maravillas, que en pompa transitoria
en anales del tiempo a la memoria
vanamente se jactan entregadas;
callen de la triunfante   125
en grandezas constante
augusta Roma los desvelos sumos,
pues murieron ceniza y viven humos;

callen del babilonio,
callen de Caria[30], cesen del Coloso   130
las grandezas que admira el estudioso,
pues aun al blando soplo de favonio[31]
yacen desvanecidas
sus cumbres desmedidas,
y aquí se han emulado en duraciones   135
las persistencias con las perfecciones.

Su elevación corona
esa diosa vocal[32], esa parlera
alma del tiempo, vida de la esfera,
que con augusto resplandor tachona,[33]   140
bien sea el ardimiento
que a círculos del viento

---

[30] *Caria:* país de Asia Menor del que Mausolo, sátrapa dependiente de los persas, proclamó su independencia y mandó construir en la capital, Halicarnaso, su famoso Mausoleo. En cuanto al Coloso, se refiere al Coloso de Rodas. Está mencionando las maravillas del mundo antiguo (la referencia al babilonio evoca los famosos jardines colgantes).

[31] *favonio:* viento que viene de poniente. Es el céfiro de los poetas.

[32] La diosa vocal y parlera del tiempo es la Fama.

[33] *tachonar:* adornar.

excede en prontitudes, o bien sea
quietud, que informa suavidad hiblea³⁴.

De su canoro labio   145
(dulce atractivo de caducos troncos,
imán amante de peñascos broncos
y aun de culta deidad métrico agravio)
percibo dulcemente
con pecho reverente   150
estas voces, que pueden por süaves
aumentar del abril las mudas aves.

Esa divina pompa,
majestoso padrón, ara fragante
de Javier (oriental lucero flamante)³⁵   155
publica mi inmortal ardiente trompa,
que tal soberanía
ser menos no podía
que de aquél a quien todo el orbe aclama
heroico asunto de la heroica fama.   160

Ese, que a la memoria
dulce es trofeo, mármol levantado,
altamente se atiende consagrado,
no a efímero esplendor, no a leve gloria,
cuando es a la triunfante   165
Religión siempre amante,
bien que corto sitial de un sol ardiente,
o auge de luz, o eclíptica luciente³⁶.

Ése, que a ti, Suprema
Empírea Majestad, que en cristalina   170
morada riges en gloriosa, en trina

---

³⁴ *hiblea:* abundante, amena, olorosa y florida. Su origen fue Hybla, monte y ciudad de Sicilia, famosos por su miel. La Fama, unas veces inspira veloz; otras celebra con suavidad de miel las virtudes y hazañas de los que ensalza.

³⁵ Así en el original; verso largo.

³⁶ *auge de luz:* punto superior del excéntrico de los planetas y el más apartado de la Tierra. En cuanto a eclíptica significa círculo máximo en la esfera celeste.

unidad este armónico sistema[37]
de la esfera visible,
ofrenda fue plausible
de aquella inmortal luz, de aquella sola   175
plácida estrella en cielos de Loyola.

A expensas generosas
de Javier (del Empíreo gran lumbrera)
goza los complementos que no viera
en carreras de siglos numerosas,   180
sirviendo su asistencia
de célica[38] influencia
por quien se jacta tan gallarda planta
de tanta perfección, de pompa tanta.

De aquel que dio Navarra   185
siempre triunfante, siempre victoriosa,
ya en la escuela de Marte generosa,
ya de Palas Tritonia[39] en la bizarra
culta palestra bella.
Siendo flamante estrella   190
ya te sirven, Javier, divinamente
ella epiciclo y Dios tu deferente[40].

Dé su primera cuna,
de infante luz crepúsculo dudoso
el blando movimiento numeroso[41],   195
no el halago afecto de la fortuna,
cuando inmensos raudales

---

[37] Se refiere al orden y situación natural de los cuerpos principales del Universo, regidos por la providencia de Dios, uno y trino.

[38] *célica:* celestial.

[39] *Palas Tritonia:* en la tradición clásica tardía, se considera hija de Tritón, no un epíteto de la diosa Atenea. Aquí simboliza las letras, por contraposición a Marte.

[40] *epiciclo:* término astronómico, es el círculo que se supone tener su centro en la circunferencia de otro. Se relaciona con deferente, que significa «el círculo que forma con su centro el planeta, llevado de su epiciclo por el orbe excéntrico, sin apartarse, aparentemente del referido centro».

[41] Sigue Sigüenza con las imágenes astronómicas. El «blando movimiento numeroso» es el dulce movimiento armonioso con cadencia.

de rayos inmortales
   por alto influjo de alta providencia
   dulce le rinden plácida asistencia.   200
   A expensas del inquieto
   irrevocable giro de los días,
   de floreciente edad las lozanías
   en Javier observaron el perfecto
   cúmulo de esplendores,   205
   y siendo edad de flores
   no leve se fió de sus matices
   la frágil pompa a lúbricos deslices[42].

   Elevadas noticias
   al volumen empíreo cristalino   210
   su desvelo bebió con peregrino
   alto progreso en débiles primicias,
   donde con paso lento
   el secuana[43] sangriento
   o púrpura ministra, o blanca nieve   215
   del intonso[44] francés al lilio breve.

   Aquí, pues, del fragoso[45]
   cántabro Ignacio los ardores siente
   estimulando el pecho dulcemente
   inmortales latidos de ardoroso   220
   amor imperceptible,
   dando el cielo en plausible
   lisonja[46] deste efecto a manos llenas

---

[42] *lúbricos deslices:* pecados de la carne. San Francisco nunca cedió a la tentación lasciva: su castidad es atributo bien conocido del santo, resaltado por todos los hagiógrafos.

[43] *secuana:* habitante de la zona superior del Sena en tiempos de César. Todo es una perífrasis para indicar «París» donde estudiaba Javier, aludiendo a la historia antigua de la región.

[44] *intonso:* sin cortar el pelo; también ignorante. Puede ser una ligera alusión indirecta a la guerra que sostuvo Francia con la corona de Castilla por el dominio de Navarra.

[45] *fragoso:* áspero.

[46] *lisonja:* complacencia y afectada fineza.

olas de rosa a mares de azucenas.

Estas primeras glorias 225
(primicerio[47] esplendor de sus ardores,
festivo oriente que expeliendo horrores
de nocturno escuadrón cantó victorias)
viven eternizadas
altamente copiadas 230
en líquido papel[48] de esferas bellas,
siendo letras de luces las estrellas.

Mi inculto, tosco estilo
exprese sólo sus proezas raras,
que eternizó con manos nada avaras 235
donde yacen las sombras en lucilo[49]
embestido del nuevo
vago esplendor de Febo[50],
donde dan en contiguos horizontes
Pancaya inciensos, mirras el Orontes[51]. 240

Insondables motivos
del grande Autor del círculo estrellado
fueron su norte, fueron su nevado
asterismo[52] glacial, que en rayos vivos
su atención embargaba, 245
pues cuando más brillaba
vieron de amor su extático ejercicio
ya el adusto, ya el frígido solsticio.

---

[47] *primicerio:* sobresaliente (normalmente se aplica a las personas).

[48] *líquido:* epíteto aplicado al aire. No es la primera vez que aparece en el poema esta imagen del libro del cielo, en el que las estrellas son las letras. Es imagen tópica en el Siglo de Oro.

[49] *lucilo:* forma antigua de *lucillo*, urna de piedra en que solían sepultarse algunas personas de distinción, especialmente los adosados a las iglesias y cobijados por arcos triunfales. Lo usa Góngora en el *Panegírico al Duque de Lerma*; ver Núñez Cáceres, 1994, p. 367.

[50] *Febo:* Apolo, el Sol.

[51] *Pancaya:* antigua comarca de Arabia, citada por los poetas, al parecer rica en mirra e incienso, donde según algunos nace el Ave Fénix; *Orontes:* río de Jordania, Siria y Turquía, que desemboca en el Mediterráneo.

[52] *asterismo:* constelación de estrellas.

Pisó apenas su planta
el opimo[53] terreno del Oriente,   250
a quien de undoso[54] Ganges la corriente
sacrílega pureza mintió, y tanta
le corresponde rosa
de piedad religiosa
que ya el mundo ilustrar Javier podía[55],   255
despierta aurora del empíreo día.

No con fragante salva[56]
de destilados ámbares süaves,
no con voz dulce, que afectaron graves
consonancias retóricas del alba,   260
le recibe en su seno
el oriental terreno;
sí con admiración, pues ve a su mano
ser todo el orbe feudo soberano.

El elemento frío,[57]   265
líquida patria del delfín volante,
jurado emperador del inconstante
undoso centro de insondable río;
el voraz elemento[58],
que el vago firmamento   270
le compite veloz el vuelo ufano
deidad suprema, o celestial Vulcano[59].

La madre de las flores,
el círculo menor, la ínfima tierra.

---

[53] *opimo:* abundante, rico, fértil.
[54] *undoso:* que tiene ondas o se mueve haciéndolas.
[55] Javier puede iluminar el oriente, como si fuera la aurora de un día Empíreo o celestial.
[56] *fragante salva:* sinestesia anfibológica que aúna los significados de oloroso disparo de armas de fuego en honor de alguien, con canto musical de las aves al amanecer, y con la suavidad aromática de los ámbares destilados.
[57] En el original «A el elemento», pero por la sintaxis y el esquema enumerativo prefiero enmendar.
[58] *voraz elemento:* el fuego.
[59] *Vulcano:* dios del fuego.

y el aire que en esferas dos encierra 275
ramilletes de músicos olores
fueron víctima pía
al incendio en que ardía
su amante corazón. ¿Qué no adquiriera
quien fue motor de la celeste esfera? 280
A su divino imperio
la zona rubia y el nevado polo[60],
que ignora halagos del facundo[61] Apolo,
nada propicio al rígido hemisferio,
sus adustas entrañas, 285
sus cándidas[62] montañas
le rindieron con pecho nada bruto
en leve ofrenda, en plácido tributo.

Díganlo cuantos climas,
o bien de Europa, o bien de Asia sean, 290
o de la sorda[63] Libia torpes vean
vivientes muertes en adustas cimas,[64]
que en plausible trofeo
de tanto corifeo[65]
besan la augusta planta soberana 295
con culta admiración, con pompa ufana.

Y tú, vasto Neptuno[66],
ya tumba seas del autor del día,
que eterno Fénix[67] de ceniza fría
forja su ser en túmulo oportuno, 300

---

[60] *zona rubia y el nevado polo:* Zona Tórrida y Polo Norte. Dos de las cinco zonas en que los astrónomos dividen la Esfera Terrestre.

[61] *facundo:* abundante, copioso y elegante en el hablar.

[62] *cándidas:* blancas.

[63] *sorda:* silenciosa.

[64] Parece referirse a la tópica abundancia de fieras en Libia; estas fieras serían las *vivientes muertes*, por su ferocidad.

[65] *corifeo:* príncipe, cabeza superior.

[66] *vasto Neptuno:* extenso dios Océano; es decir extenso mar.

[67] *Fénix:* el sol como fénix que renace cada día. El mar es tumba del sol en occidente, o habitación mañanera en la que se despierta el astro por oriente.

ya nevada cortina
que alumbre matutina
de la Aurora purpúrea que madruga,
néctares liba, lágrimas enjuga.

Tú, pues de tu sonoro   305
inmenso espacio de espumosa plata
(de Tritón⁶⁸ ignorando trompa ingrata)
con dulce ardor, con plácido decoro,
de la divina mano
de Javier soberano⁶⁹   310
al sagrado dictamen siempre atento,
depones iras de tu ardor sangriento.

El Euro proceloso⁷⁰,
líquida curia, de volante plebe
de aduncas⁷¹ garras, o de pluma leve   315
vago cosario⁷², coro numeroso,
ya al cóncavo del cielo,
ya al convexo del suelo,
busque elevado, sople deprimido,
esté enlutado o viva esclarecido;   320

su intrépida violencia,
a quien debe el Tirreno mar salado
el cristalino ser, y el argentado

---

⁶⁸ *Tritón:* semidiós con forma de hombre hasta la cintura y extremidades inferiores de pez, que acompañaba a Neptuno y anunciaba su llegada con una caracola marina, o trompa. Muy celoso de su arte musical.

⁶⁹ Referencias a las veces que San Francisco Javier amainó tormentas en sus numerosas travesías marinas.

⁷⁰ *proceloso:* sujeto a frecuentes tormentas. Es corte de plebe volante, o sea, de los pájaros que vuelan por el aire. Ya se ha anotado el epíteto de «líquido» para el aire.

⁷¹ *aduncas:* corvas o encorvadas.

⁷² *vago cosario:* el vago cosario o pirata de pluma leve es el ave de rapiña que vuela por el aire (vaga región). Toda la estrofa viene a decir: 'busque el viento euro, hecho líquida curia, una población volante de garras curvas y leve pluma, población de piratas voladores (aves de rapiña), población numerosa que habrá de buscar en las alturas del cielo o al ras de la tierra, según sople elevado o deprimido, según sople desde occidente o desde el oriente (es viento del sudoeste)'. De todos modos habrá de obedecer a Javier.

tronco de augusta líquida ascendencia
(si tradición no miente[73])   325
al océano ambiente
rinde a sus plantas las que Tracia admira
inquietudes sonoras de su ira[74].

La esfera aun ignorada[75]
adusto alcázar de Troyana Vesta[76]   330
bien sea del Vesubio ardiente cresta,
bien esencia del Sol, bien de argentada
inconstante Latona[77]
invisible corona,
bien en centro magnético del suelo,   335
compita giros del rodante cielo.

Sus temibles ardores,
luminoso festejo esclarecido,
no a la pirausta[78] de quien fue su nido
combustible aparato de esplendores,   340
sí a Javier ministraron,
pues cuando más brillaron
por origen luciente le tuvieron
y en él se hallaron, porque en él nacieron.

¿Qué digo? ¿Qué menciono?   345
Cuando aun el reino del espanto frío[79]
por holocausto rinde a su albedrío,

---

[73] Recreación del verso gongorino «si tradición apócrifa no miente» de la primera *Soledad*, v. 74. La intrépida violencia del euro origina el cristalino ser del Tirreno y el Tíber, y rinde en honor de Javier al océano ambiente las inquietudes sonoras de su ira admiradas por Tracia, tradicionalmente considerada belicosa y airada, guerrera y cruel.

[74] La violencia con que el Euro azota las costas de Tracia constituye una referencia clásica común, que proviene de las *Geórgicas,* de Virgilio.

[75] Se refiere al elemento del fuego y sus varias formas de manifestación.

[76] *Vesta:* diosa romana muy arcaica que preside el fuego del hogar.

[77] *Latona:* madre de Apolo y de Artemisa. La llama inconstante porque dio a luz a Apolo y Diana en Ortigia, isla errática.

[78] *pirausta:* mariposilla que los antiguos creían que nacía y vivía en el fuego y moría si se apartaba de él.

[79] *el reino del espanto frío:* el Averno, el Infierno.

por humilde tributo da a su trono
cuantos ya desatados
de polvos animados,   350
en quietud inmortal a eternidades
miden gloriosas plácidas edades.
¿Qué lengua, aunque de hierro,
numerarlos podrá? (profundo abismo).
Menos el desatado cataclismo[80]   355
en bayo valle, o en volante cerro
entregó a la avarienta
Libitina[81] crüenta,
que a cuantos tú Javier polvos reduces
a la esfera vital de Delias luces[82].   360

Tres auroras nacieron,
tres lucientes antorchas se apagaron,
mientras dos que por muertos lamentaron
cuantos sus desuniones atendieron,
en tierra leve el uno,   365
en reinos de Neptuno
el otro, contra ley del sin doliente,
las luces vieron del segundo oriente.

Fueron efectos todos
de inmensa caridad, de amor ardiente,   370
cuyas llamas süaves dulcemente,
teniéndole por centro en varios modos,
las que el pecho inflamaban
intrépidas brotaban
por ser al Orbe en suspensiones bellas   375
más que adornos de luz, de amor centellas.

---

[80] *cataclismo:* inundación o diluvio. Todo el pasaje parece aludir a los muertos que resucitó Javier, más de los que las catástrofes son capaces de matar. Luego alude a dos resurrecciones, una de un muerto en tierra, otra de un ahogado.

[81] *Libitina:* diosa romana que presidía los funerales. Pronto se la identificó con Proserpina.

[82] *Delias luces:* brillantes luces.

Cual aquel elevado
escándalo del mar, padrón[83] adusto
de nieve frágil, o de ardor robusto,
al cóncavo zafiro[84] remontado   380
que el impuro deseo
de implacable Tifeo[85]
sella en lúgubre tumba de sus breñas,
siendo epitafio métrico las peñas,

como éste, pues, esconde   385
globos de inmenso fuego incorruptible
y con disfraces de cristal falible[86]
que el cierzo[87] macizó, no corresponde
su blanca tez nevada
con la llama rizada   390
que en el pecho fomenta, donde yacen
fuegos que ardientes sus medulas[88] pacen.

Leves estorbos fueron
las congeladas aguas que en su cumbre
si le dan cristalina pesadumbre[89]   395
obeliscos de nieve se fingieron,
pues al orbe que admira
verle de escarchas pira
cuanto el disfraz, de nieve oculta, luego
lo saben publicar lenguas de fuego.   400

---

[83] *padrón:* columna de piedra con inscripción de algún hecho que conviene perpetuar; también infamia pública.

[84] *zafiro:* cielo.

[85] *Tifeo:* Tifón, gigante nacido de la Tierra y Tártaro. El ser más gigantesco que ha existido. Al final, tras dura y larga contienda, fue sepultado por Júpiter en Sicilia bajo el monte Etna. El volcán Etna es el elevado escándalo del mar, el padrón adusto (quemado), coronado de nieve, y también ardor robusto, por el fuego que abriga.

[86] *cristal falible:* este cristal es la nieve que disfraza o disimula el fuego del volcán.

[87] *cierzo:* viento del Septentrión, frío y seco, propio de Asia y sus pueblos (el Aquilón).

[88] *medula:* la sustancia principal de una cosa inmaterial. Lleva acentuación llana en la época.

[89] *pesadumbre:* calidad de ser pesada, de tener peso una cosa.

Tú Javier, tú sagrado
religioso Prometeo[90] verdadero,
no del diario trémulo lucero
al solio te elevaste remontado,
de donde las ardientes   405
ascuas resplandecientes,
que el corazón amante te informaron,
su luminoso origen blasonaron.

Con disfraces de humanos
frágiles velos[91], la porción flamante   410
que el inmóvil empírico diamante[92]
dio a tu pecho en destellos soberanos
vivió, vivió encubierta
hasta que ley incierta,
por disolver sus fúnebres capuces[93],   415
brotó tus rayos, y encendió tus luces.

La caduca apariencia
de la parte mortal fue delicado
estorbo débil, que negó el sagrado
excelso ardor de célica influencia.   420
Pero ¿cuándo no han sido
a un incendio oprimido
aun los peñascos de inquietud seguros
[efectos de su ardor] frágiles muros?

Rompió la ardiente llama   425
por la puerta que abrió tu ardiente celo
y a despecho del mauro[94] inculto yelo

---

[90] *Prometeo:* personaje mitológico que robó el fuego del Olimpo para dárselo a los hombres. En castigo Zeus (Júpiter) lo hizo encadenar en el monte Cáucaso, donde todos los días un águila le roía el hígado, que volvía a crecer todas las noches.

[91] *frágiles velos:* juega con la ambivalencia de quebradizos, caducos, propensos al pecado y oscuridad o cortina que cubre algo.

[92] *inmóvil empírico diamante*: metonimia por el fuego divino; el cielo empíreo (empírico) se suponía, a diferencia de las otras esferas del cielo, inmóvil. *Diamante* es metáfora por cristal, que a su vez es metáfora tópica de las esferas celestes.

[93] *capuces:* especie de capa de luto.

[94] *mauro:* de Mauritania.

su activa luz intrépida derrama
donde la idolatría,
en densa niebla fría, 430
ignorando celestes esplendores
tartáreos⁹⁵ mendigó torpes horrores.

Si volcán te animaste,
si en incendios de amores te encendiste,
¿de qué sirve la voz que rayos viste 435
al tiempo que de ardores lo formaste?
Tu mano generosa⁹⁶
a la llama ardorosa
busca puerta en el pecho, y tierno luego
basta, dices, de ardor, basta de fuego. 440

¿Qué ha de cesar la ardiente
festiva inundación de dulces rayos,
si a la patria feliz de eternos mayos
le encumbró la humildad tan altamente,
que su oración sagrada 445
al impíreo⁹⁷ elevada,
su leve cuerpo esfera de centellas
doró de luces y argentó de estrellas?

Fue garza fugitiva
que anhelante subió del Mincio⁹⁸ verde, 450
copo de espuma, y átomo se pierde
en denso imperio de la nube altiva,
donde sin que presuma
riesgo fatal su pluma⁹⁹

⁹⁵ *tartáreos:* infernales.
⁹⁶ Los vv. 437-40 evocan la iconografía habitual del santo que se abre la sotana para recibir el fuego divino (o para emitirlo) en forma de las consolaciones. Al recibir estas consolaciones divinas decía el santo «Basta, Señor, basta», como recogen todos los hagiógrafos.
⁹⁷ *impíreo:* cielo donde mora la divinidad.
⁹⁸ *Mincio:* río del norte de Italia, afluente del Po, que pasa por Mantua, donde nació Virgilio. Estos versos presentan ecos virgilianos evidentes.
⁹⁹ A diferencia de Ícaro, que quemó sus alas por acercarse demasiado al sol.

           bebe del sol purpúreos esplendores,   455
           trinando afectos y cantando amores.

           Suspensos los sentidos,
           al cielo que atendía se elevaba
           y en los mares de amor que navegaba
           plumas y velas daban los gemidos.   460
           El estrellado cielo
           fue su innato desvelo,
           cuya luciente métrica armonía
           numerosos concentos[100] le atendía.

           De aquí la luz fogosa   465
           festiva inundación[101] del rostro grave
           que animado fue norte a errante nave
           de torpe error en noche tenebrosa
           tiene su origen bello,
           y aun el menor destello   470
           no es origen del sol, porque es locura[102]
           cuando el sol es menor que su hermosura.

           Viste ardiente tïara[103]
           de ese sol vivo en cielos de la noche
           que siendo de sí mismo etéreo coche   475
           obscuro brilla en la tiniebla clara,
           causando a las estrellas
           envidias sus centellas,
           pues se gira a su esfera luminosa[104]
           la inmóvil flor inquieta mariposa.   480

[100] *concentos:* cantos acordados, armoniosos y dulces, de voces acordadas.
[101] *inundación:* demasiada abundancia.
[102] Es locura pensar que sea su origen el sol, cuando el sol es menor que su hermosura.
[103] *tiara:* mitra papal, pero también es voz persa que significa turbante. Góngora lo usa en el *Panegírico al Duque de Lerma* (vv. 294 y 488). Sigo a los editores modernos que colocan diéresis en *tiara*.
[104] Alude al heliotropo, que gira hacia donde está el sol. Entiéndase: su luz es tan grande que la flor del heliotropo, en vez de estar inmóvil, gira hacia él, como si fuera una mariposa atraída por la luz.

En la noche sangrienta
de la culpa mortal de errores vanos
sus brillos, ya carbunclos[105] soberanos
cuya luz el horror lóbrego aumenta,
tan bellas ilustraron   485
las sombras que doraron
que fue su luz al Flegetón[106] astuto
feral[107] tormento y lamentable luto.

Tan luego se encendieron
en llamas de la Fe cuantos gozaron   490
la luz que sus fulgores animaron,
que aun en la patria de las luces fueron
alta luz meridiana,
no tocando la vana
indiferencia de la noche fría,   495
o dudoso crepúsculo del día.

Sólo a su bien atento,
tal vez el gran Javier se vio gigante[108]
no por subir al solio de diamante,
¡oh, caso triste a infausto atrevimiento!, 500
sí porque al globo ardiente
de luz indeficiente[109]
encumbrarse pudieran las que él mismo

---

[105] *carbunclo*: piedra preciosa similar al rubí, que se creía lucía en la oscuridad como carbón hecho brasa.

[106] *Flegetón*: río infernal, formado de llamas, que, unido al Cocito, constituía el Aqueronte.

[107] *feral*: funesto, cruel, sangriento.

[108] *gigante*: atento al bien de la fe, alguna vez se hizo gigante, no por atacar el cielo como los Gigantes de la mitología, sino mientras bautizaba a muchos cuyas almas pudieran subir al mismo cielo mejor que los Gigantes rebeldes. La referencia a Javier gigante alude a un suceso narrado por los hagiógrafos: «juntáronse de una vez sesenta entre hombres y niños, que casi todos eran mahometanos y deseoso el santo de ganarlos para Cristo empezó a explicarles los misterios de la doctrina cristiana. No había acabado y ya todos pedían el bautismo, que recibieron allí en la nave, y lo que es más de notar mientras los bautizaba fue visto con estatura de gigante» (García, *Vida y milagros*, p. 297).

[109] *indeficiente*: que no puede faltar.

almas bañaba en fuentes del bautismo.
La luz de sus centellas
(si no fueron de amor lucientes soles)
en bellos apacibles tornasoles[110]
racionales doró fijas estrellas,
cuando en cultos altares
brachmenes malabares[111],
abrasados del cielo en los ardores
dulces, piadosas son hostias de amores.

No pudieron las luces
de la cuna del sol, puerta del día,
ilustrar de esplendor al que yacía
en nocturnos de horror tristes capuces[112]
ciegamente enredado,
hasta que el sol sagrado
de la fe intacta en insondables sumas
Javier le lleva en giros de sus plumas[113].

Todo el Oriente, todo
lo que el Ganges bañó y el Indo riega,
se inunda de esta luz; ya no se aniega
de gentílico, torpe, inmundo lodo.
Estos que asombros[114] fueron
los cielos escribieron
con las que son en selvas de alabastros
eternas flores, no caducos astros.

---

[110] *apacibles tornasoles:* apacibles reflejos del sol.

[111] *brachmenes:* primera de las castas hindúes, dedicadas exclusivamente al sacerdocio. Joan de Lucena (1619), dice de ellos: «Son los sacerdotes a quienes pertenece el falso culto de los dioses y ejercicio de sus supersticiones». Opusieron férrea resistencia a San Francisco Javier. En cuanto a 'malabares' significa pertenecientes a Malabar, zona de la India entre Goa y Comorín, donde, según la tradición, predicó el apóstol Santo Tomás.

[112] Metafóricamente hace referencia al ignorante de la fe cristiana.

[113] Recordemos que Sigüenza ha definido a San Francisco Javier como «garza fugitiva» en el v. 448 y que desde entonces juega con esta imagen.

[114] *asombros:* espantos, admiraciones.

El que el duro rocío[115]
(desperdicio oriental de roja Aurora)   530
avaro expende y pródigo atesora
parava[116], morador del seno frío,
por su primer desvelo
noble Colón del cielo
lo despacha Javier, y en blanca nube   535
por los mares del viento al cielo sube.

La verdad abrazaron
en los píos afectos que bebieron
los sangrientos malayos que rindieron
la soberbia cerviz que antes alzaron.   540
La piedad verdadera
vive en constante esfera,
fomentada altamente de los jaos,
acenos, molucenses, mindanaos[117].

Habrá gloria atento[118]   545
políticos japones generosos
venció Javier peligros temerosos
en vasto mar del sibilante[119] viento
y ahora (¡qué dolores!)
vivas fragantes flores   550
(con culpa vuestra) en mártires valientes
ponéis en las de amor aras ardientes[120].

Portentos soberanos
dieron crédito noble a estas acciones,

---

[115] El duro rocío son las perlas.
[116] *parava:* indio de las islas Pesquerías, donde los hechos piadosos de San Francisco Javier dieron lugar a su exaltación hagiográfica.
[117] Hace referencia a las numerosas conversiones y milagros de San Francisco Javier por Indochina e Indonesia.
[118] Este verso es corto; parece deturpado.
[119] *sibilante:* forma poética de silbante.
[120] Hay una vaga alusión a la estancia en Japón de San Francisco Javier; a las cortesanas, pero firmes, disputas teológicas con los bonzos y a la persecución religiosa que sufrieron los primeros cristianos japoneses por la reacción defensiva de algunos gobernadores.

causando al orbe todo suspensiones[121] 555
y terror generoso a infieles vanos,
que a ti Javier, no sólo
el uno y otro polo
por influjo de la alta omnipotencia,
pero todo se rinde a tu obediencia. 560

Freno tal vez süave
de procelosa tempestad violenta,
animada con iras de friolenta
nocturna sombra de Neptuno grave[122]
fue el Divino Cordero, 565
que en aras de un madero,
siendo a su Padre amante sacrificio,
franqueó del cielo el diamantino quicio.

El agua reverente
sobre sus hombros líquidos de plata 570
sitial le diera en obediencia grata.
Su raridad[123] densada dulcemente,
pero no perdonada
esa porción pesada,
busca el centro profundo donde mora 575
el bien perdido que Francisco llora.

Pero bajel con vida,
brazos por remos esgrimiendo airoso,
un vil cangrejo el peso generoso
de la inmensa Deidad (por mí ofendida) 580
dulcemente conduce
a la playa que luce,
siendo el norte Javier de su desvelo
para que tanto sol vuelva a tal cielo.

---

[121] *suspensiones:* admiraciones.

[122] Esta estrofa y las dos siguientes hacen referencia al milagro del crucifijo de San Francisco Javier, que se le cayó al mar intentando calmar una tormenta, camino de Tamalo. Anduvo apenado toda la travesía y, al pasear por la playa un cangrejo se le acercó para restituirle su preciado crucifijo. Lo recoge Ortiz, *El príncipe del mar*, ed. Arellano, 2004, pp. 85-86.

[123] *raridad:* sutileza, cualidad de lo raro, ralo o escaso. Opuesto a densidad.

A su voz imperiosa 585
pausó de Febo[124] la veloz carrera,
gozando el día de mayor lumbrera,
de más sombra la noche pavorosa,
en tanto que la orilla
náufraga navecilla 590
besar pudiese si en tormenta grave
antes fuera del viento frágil ave.

Ya Mavorte guerrero[125],
alma valiente a bélicas hazañas,
regidas huestes de protervas[126] sañas 595
de su rostro el ardor temen severo.
A expensas de su mano,
con noble aliento ufano,
huellan del gentilismo a los horrores
bien regidas escuadras de esplendores. 600

Calle el bárbaro inculto,
no ya de Marte espíritus pregone,
bien en campos neutrales le blasone
valiente centro de valor adulto:
nuevo valor sagrado 605
al pobremente armado
oriental parava Francisco diste
cuando ardores por armas te vestiste[127].

Flamantes escuadrones
a la voz militaran de tu imperio 610
y en obsequioso[128] alado ministerio,

---

[124] *Febo:* Apolo, el sol. Se refiere aquí, sin duda, al dominio del santo sobre el sol, al que detuvo en dos ocasiones; milagro que cita Torres Olleta, 2005, p. 95. Una de ellas para que una embarcación pudiera llegar a la costa con la luz del día, a lo que se refieren los versos siguientes.

[125] *Mavorte guerrero:* Marte, dios romano de la guerra.

[126] *protervas:* insolentes, arrogantes.

[127] En esta estrofa y en la anterior hay una clara referencia a la defensa que San Francisco Javier hizo de los cristianos paravas, atacados fieramente por los badagas (1544) y de sus milagrosos éxitos.

[128] *obsequioso:* rendido.

o en amantes sumisas atenciones,
los que en camino blando[129]
van eternos marchando
asterismos compuestos de centellas   615
te dieran armas de sus lumbres bellas.

El rebelde araucano[130]
por las del aire líquidas esferas
vencedoras admira tus banderas
de su altivo orgulloso intento vano.   620
A las voces[131] de un monte
(ceño de su horizonte)
pregonados tus triunfos se advirtieron
si en anales del viento se escribieron.

Negadas las distancias,   625
Malaca te admiró, y el torpe aceno[132],
voraz arpía[133] del undoso seno
que el suelo argenta a líquidas instancias,
cuando en lides navales
los campos de cristales   630
del espumante Ponto[134] se advirtieron
corales rojas, cuando nieves fueron.

---

[129] *camino blando:* además de su sentido recto, significa estado o profesión placenteros, pero también camino celeste, como sugiere el v. 614.

[130] Esta octava lira hace referencia a la paz de 1640 y, como consecuencia de ello, el tratado de Quillín, que firmó la corona española con las tribus araucanas. Recogido por Torres Olleta, 2005, pp. 87-89 como milagrosa actuación de San Francisco Javier, a cuya tutela se encomendó el Gobernador de Chile, el Marqués de Bahídes, devoto suyo, para conseguir una victoria incruenta por ambas partes. Para este hecho histórico, ver Lázaro Ávila, 1997, pp. 84-94.

[131] *voz:* sonido que forman algunas cosas inanimadas al ser heridas por el viento.

[132] De nuevo se refiere Sigüenza a la milagrosa batalla que ganó una exigua flotilla portuguesa al Soldán Alaradín, rey de los acenos, en 1547, instados los portugueses por el ánimo del santo.

[133] *arpía:* ave fabulosa, cruel y sucia, con rostro de mujer, sedienta de sangre. También persona codiciosa, que con astucia consigue cuanto se propone. El rey Alaradín está caracterizado en las historias que cuentan este hecho de ambas formas.

[134] *espumante Ponto:* espumante mar. Ponto es la personificación del mar de los navegantes.

Aquel, pues, orgulloso,
empuñado el tridente de Nereo[135],
árbitro fue del mar, y al torpe empleo   635
se conspiran violencias de ardoroso
torpe pecho inhumano,
mientras el lusitano,
pocas las fuerzas, mucha la osadía,
victoriosos denuedos reprimía.   640
A tu pecho encendido
(aunque él remoto el alma no alejada)
debió la débil invencible armada[136]
las salomas[137] del triunfo conseguido,
y aun antes que besaran   645
las playas que dejaran
fueron de tus proezas sus banderas
con eco militar trompas parleras.

¿Pero dónde camina
de la caduca voz el tosco acento?   650
Si esa de arrebatado movimiento
vaga líquida esfera cristalina
diera de sus ardores,
transformada ya en flores,
elogiara mi voz con energía   655
las grandezas que ignoro por ser mía.

Yace a la vista bella
del Chino Imperio en crespo mar undoso
isla que ignora influjo deleitoso[138]

---

[135] *Nereo:* dios marino, hijo de Ponto y Gea, que aconseja con su sabiduría a los marinos.

[136] En este oxímoron Sigüenza sintetiza el hecho de las escasas y viejas naves portuguesas que lucharon y vencieron a la numerosísima escuadra del soldán Alaradín en Malaca, mientras al santo rezaba y veía en profecía la victoria portuguesa desde la iglesia donde predicaba.

[137] *salomas:* cantos cadenciosos de los marineros para hacer simultáneo el esfuerzo de todos.

[138] Se refiere Sigüenza a la isla de Sanchón, donde murió San Francisco Javier, a la vista de China. Es un lugar estéril e inhabitable.

o bien de errante, o bien de fija estrella; 660
sólo peñascos duros
le dan robustos muros
con escuadras de yelos derretidos,
asaltados tal vez, tal vez vencidos.
Aquí termina el vuelo, 665
el centro heroico de inextintas lumbres.
Si de la perfección holló las cumbres,
¿de qué sirve ya más ansioso anhelo?
Mas, ¡ay!, que es corto espacio
cuanto el azul palacio 670
con giros de esplendor circunda ardiente
a la llama que en sí Francisco siente.

Si fuego se animaba
no es mucho sus ardores falleciesen,
pues el pasto[139] faltaba que encendiesen 675
en provincias que el china le negaba[140].
No de efímera gloria
la pompa transitoria,
sí del bien caduco desvalido
fue el desvelo que en él siempre ha vivido. 680

No la de luces pira
tantos climas doró de lumbres bellas
como el grande Javier con sus centellas
adustas zonas, o nevadas gira;
no la luna friolenta 685
tantos mares argenta
cuantos Javier registra generoso
piélagos vagos[141] de elemento acuoso.

---

[139] De nuevo nos encontramos con el uso de la anfibología por parte de Sigüenza. Pasto puede significar tanto alimento, o leña para el fuego, como doctrina y enseñanza religiosa.

[140] *china*: es la forma usual para el poblador de la China en el Siglo de Oro; hoy *chino* (antes usó *japón* para el habitante del Japón, hoy *japonés*).

[141] *piélagos vagos:* mares movedizos. El epíteto es usual para el aire y para el mar. Calderón por ejemplo usa la expresión *vagas ondas* para el mar en el auto *La nave del mercader.*

Lleno divinamente
de agigantados méritos gloriosos,   690
tiempo era ya que a coros numerosos
asistiera del cielo dulcemente,
pues del fuego que ardía
en su pecho ya había
incendios muchos en espacio breve   695
de la esfera mortal[142] del cuerpo leve.

Besó la raya extrema[143]
del estadio mortal del ser humano,
atleta del Olimpo Soberano,
el palio[144] siendo la región suprema;   700
no al duro golpe fuerte
de la temible muerte,
sí a instancias de la luz de sus amores
se apagaron sus dulces esplendores.

Eterno Fénix vive   705
en las llamas que excitan sus ardores;
no de mentidos árabes olores
la exhalante fragancia se concibe;
Fénix de amores muere
y en las vidas que adquiere   710
ya no muere de amores, ya no yace,
que a Patria Eterna vivamente nace.

De la cárcel humana
contrapuesta porción de eterno aliento,
por las provincias líquidas del viento   715
subió a la curia de la Luz[145] ufana,
bella fuente divina
de lumbre matutina,

---

[142] *esfera mortal:* metafóricamente, condición mortal.
[143] *raya extrema:* el término extremo, el fin; en una competición atlética la meta.
[144] *palio:* premio. Se relaciona con «atleta del Olimpo Soberano», porque el palio era el premio que se concedía al que llegaba primero en una carrera. La imagen del atleta cristiano viene de San Pablo. Ver por ejemplo *Filipenses*, 3, 12-14.
[145] *curia de la Luz:* tribunal del cielo.

donde mide apacibles atenciones
a inmortales lucientes duraciones.   720
Métricas armonías
los querúbicos coros[146] alternaban[147]
y en las liras mentales que tocaban
dulces daban al alma melodías,
siendo el tierno concento[148]   725
envidia al movimiento[149]
de imperceptibles numerosos[150] giros
de esos rodantes músicos zafiros.

Varias pintadas aves
al despojo mortal del cuerpo frío   730
con noble aplauso de su afecto pío
sonoras trinan lo que cantan graves.
En suspensión amena
la dulce Filomena[151]
y el ruiseñor canoro se han mostrado   735
lira en el bosque y cítara en el prado.

Cultas admiraciones
con voz de rosas y ecos de alhelíes
ministraron los prados carmesíes
a sus sacras, heroicas perfecciones.   740
Vertió perlas el alba

---

[146] *querúbicos coros:* coros de querubines, ángeles de la primera jerarquía.

[147] *alternar:* término aritmético consistente en mudar los términos de una proporción comprándola a veces con otra: primera con tercera, segunda con cuarta, etc.

[148] *concento:* canto armonioso.

[149] *movimiento:* el canto de los ángeles da envidia a la música de las esferas que se produce por el movimiento de los orbes celestes y los astros (rodantes músicos zafiros porque los orbes o cielos son azules, como el zafiro).

[150] *numerosos:* armoniosos, que tienen proporción y cadencia o medida.

[151] *Filomena:* Filomela. Hija de Pandión, rey de Atenas, e inseparable de su hermana Procne. Su cuñado, el tracio Tereo, se enamoró de ella y la violó, cortándole la lengua. Pese a ello, contó sus desgracias a su hermana en un bordado. La venganza de ésta sobre su marido y la persecución posterior que sufrieron por ello concluyeron con su transformación en pájaros: Filomela, en golondrina, y Procne en ruiseñor. Ambas aves son aludidas por Sigüenza en estos versos, con las connotaciones referidas a la música que se desprenden de sus nombres.

por hacerles la salva[152]
con activas amantes prontitudes
a sus eternas sólidas virtudes.
No es mi voz la que pudo 745
(aunque amante pequeña mariposa[153]
al sondar tanta esfera luminosa)
organizada en torpe labio rudo,
elogiar reverente
esa lumbrera ardiente, 750
cuyos brillos flamantes ilustraron
toscos climas que a Cintio[154] se negaron.

De su afecto encendida,
de sus mismos incendios motivada,
a superior esfera levantada 755
de impresiones caducas desunida,
esto canora clama
con trompa de la Fama,

o con voz de metal canta Talía[155],
o nazca niño el sol, o muera el día. 760

---

[152] *salva:* canto de las aves al amanecer.
[153] *mariposa:* hay que relacionarla con pirausta ya anotada.
[154] *Cintio:* epíteto de Apolo por haber nacido cerca del monte Cintio.
[155] *Talía*: Sigüenza sigue también aquí la utilización de Talía como musa de la poesía pastoril, del mismo modo que hiciera Góngora en el *Polifemo*, siguiendo la tradición de Virgilio y Horacio, y no la más conocida de musa de la comedia y de la poesía ligera. Incluso el final del poema recuerda al comienzo del *Polifemo*: «Estas que me dictó rimas sonoras, / culta sí, aunque bucólica Talía».

Privo di guida per Meaco, si dà per servo ad alcuni viaggianti Idolatri, e mancatagli la lena si fa strascinare dal loro cavallo.

Cap. XXIII.

Stef. Piale inv. e del.   Giovanni Petrini inc.

In e Malacca si dedica tutto al servigio degli
appestati sovvenendoli negli spirituali
non meno, che nei temporali bisogni.